JN119292

個人事業者の税務調査対応ケーススタディ

内田 敦［著］

デザイナー・社会保険労務士・水道工事業・翻訳業・輸入加工業・ネット通販・機械修理業・フリーライター・電気工事業・内装業・アンカー工・美容師・システムエンジニア・大工・飲食業・スタイリスト・アフィリエイト・歯科医師・塗装工・ネットオークション・ペットサロン経営・プログラマー

事前通知・重加算税・仮装隠蔽・恣意性・帳簿作成・原始資料の保存・生活費との整合性・消費税免税点・ネットビジネス・情報技術専門官・現金売上・反面調査・所得区分・納税者支援調整官・経費計上・副業・個人住民税・調査立会・更正処分・海外口座

一般財団法人 大蔵財務協会

はしがき

「個人に対応してくれる税理士がいなくて」

　私が税理士として独立した後、頻繁に耳にするお客様のお声です。

　私は独立前に複数の税理士事務所での勤務経験がありますが、個人事業者への対応を行う税理士事務所はほとんどありませんでした。

　個人事業者への対応を行う場合でも、確定申告書の作成を請け負うのみで、スポットの相談対応は行わない事務所ばかりでした。

　勤務時代、個人事業者からの問い合わせに対し、「ウチは個人への対応は行わない」と告げ、断るように指示されたことさえあります。

　医業などの業種に特化して受けるケースや相続事案等については積極的に相談を受けるものの、個人事業者からの問い合わせについては、確定申告書の作成であれば受けるが、それ以外は門前払いとしている税理士事務所が多いように見受けます。

　独立後、私はホームページやブログで積極的に情報発信を行っています。

　今でこそ、個人事業者に対する税務調査対応を中心に引き受けていますが、独立当初からそうだったわけではありません。

　独立当初、ホームページで発信していた内容は、個人事業者に向けたものというより、むしろ法人事業者に向けた内容が多かったと記憶しているのですが、なぜか個人事業者からの反応が多く寄せられました。

　問い合わせの内容は確定申告や節税、日々の帳簿作成に関する相談がもちろん多いのですが、驚いたのは税務調査についての相談が多かった

ことです。

そして、お問い合わせいただいた皆さんから一様に耳にするのが、冒頭の「個人に対応してくれる税理士がいない」という言葉でした。

そこで、ホームページ等で個人事業者に対する税務調査に関する発信を始めたところ、想定を上回る反響があったのです。

税理士の助力を切望しているにもかかわらず、真剣に対処してくれる税理士がおらず、困っている個人事業者がたくさんいることに気づかされました。

勤務時代、法人に対する税務調査の立ち会いは年間に数件の経験がありましたが、個人事業者に対する税務調査の立ち会いは１件しか経験がありませんでした。

そのため、個人事業者への対応を始めた当初は、法人とは異なる取り扱いや個人事業者に対する税務調査に特有な論点に、戸惑うことも少なくありませんでした。

過去に不正行為をしている場合には、罰則を受けることは仕方ありませんが、今後は適正な申告をしたいと考えている人達の力になりたいとの思いで必死に対処しているうちに、依頼件数も年間60件、80件と徐々に増え、さまざまなケースを経験することができました。

結果として、個人事業者に対する税務調査対応のノウハウを得ることもできました。

さて、冒頭で個人事業者に対応する税理士事務所はほとんどないと述べましたが、個人事業者からの問い合わせに何とか力になりたいと考えている税理士は少なくないのではないでしょうか。

にもかかわらず、勤務時代からの経験で、個人事業者に対応する機会

が少ないことに不安を覚え、自信を持って対応を引き受けることができずにいらっしゃるのかもしれません。

　税理士事務所に勤務していても、個人事業者と接する機会は年1回の確定申告だけということも少なくないことでしょう。

　税務調査の対応となれば、なおさら経験する機会は得られません。

　法人を対象とした税務調査に関する書籍は数多くありますが、個人事業者を対象とした書籍を見かけることはほとんどなく、それだけ対応している税理士が少ないことは容易に想像されます。

　本書では、私が実際に経験した税務調査における対応を踏まえ、個人事業者に対する税務調査で頻繁に論点とされる事項への対応ポイントを、想定問答形式でわかりやすく解説することを心掛けました。

　なお、守秘義務の関係から、実際の事例を紹介する場合には、状況設定などにおいて事実関係を変更している部分がある点を、あらかじめご承知おき願います。

　本書が、税務調査対応に不安を覚える個人事業者やそうした方々のサポートを行う税理士にとって少しでもお役に立てるなら幸いです。

令和2年2月

内田　敦

─── 【凡　例】 ───

　本書中に引用する法令等については、以下の略称を使用しています。

1　法令等

　　所　法……………………所得税法

　　所　令……………………所得税法施行令

　　所　規……………………所得税法施行規則

　　消　法……………………消費税法

　　通　法……………………国税通則法

　　通　令……………………国税通則法施行令

2　引用の例示

　法令の引用例は、以下のとおりです。

　　所法2①三………………所得税法第2条第1項第3号

（注）本書は、令和2年1月31日現在の法令・通達によっています。

※　本書中に記載されている会社や製品の名称は、一般に関係各社の商標または登録商標です。なお、本文中では、™、®などのマークを省略しています。また、本書中では通称その他の名称で表記している場合があることをご了承ください。

CHAPTER3　重加算税となるケース、ならないケース
～仮装隠蔽や恣意性が疑われた場合～

CHAPTER6 消費税免税点との兼ね合いで調査を受けるケース
　　　　　　　　ス〜仕入税額控除が認められない場合〜

CHAPTER7 ネットを利用したビジネスへの当局の調査対応

CHAPTER8　調査に対応する当事者及び当局の特殊な状況

CHAPTER**1**

税務調査を受ける理由

たまたま1年だけ急激に売上げが上がり税務調査の対象となるケース

　私はウェブサイトのプログラマーをしており、毎年決まった取引先から仕事を受けていました。

　毎年ほぼ同じ程度の売上げでしたが、ある年に突発的な仕事の受注があり、急激に売上げが増加しました。

　1年だけ急激に売上げが上がったことで税務調査の対象となることがあるのでしょうか。

論点 1　　税務調査を受けやすい状態

　税務調査は絶対に受ける、受けないと言い切れるものではありません。

　開業以来30年間一度も調査を受けなかったケースもありますし、開業3年で調査を受けたケースもあります。

　よく、「税務調査を受ける確率は〇〇％」などと言われることもありますが、あてにはなりません。

　税務当局がいつ・どこに税務調査を行うかは、誰にもわかりません。

　しかし税務調査を受けやすい業種や状態はある程度は予測できます。

一般的に税務調査を受けやすいと言われている業種は、

- 建設業
- バーやクラブ
- パチンコ
- 運送業
- 飲食店（酒場など）
- 自動車修理業

などです。

業種にかかわらず、以下のような状態である場合にも調査を受けやすいと考えられます。

- 年間売上げ900万円程度の年が数年続いている
- 急激に売上げが増えた
- 利益率の変動が激しい
- 現金での取引が多い
- 総合的にみて所得が少なすぎる
- 副業を赤字にして還付を受けている

売上げが900万円程度の年が続いていると税務調査を受けやすく、税務署側は、無作為・機械的に売上げ900万円程度の事業者を調査対象に選んでいるという話を調査官から聞いたことがあります。

売上げが1,000万円を超えると消費税を納める必要が生じるため、売上げを900万円程度に調整して申告をしているケースが多いからです。

また、所得が少なすぎると考えられる場合も調査の対象となりやすいでしょう。

個人事業者は事業で稼得した所得から生活費を捻出しています。

申告された所得金額が年間の生活費を賄える程度の所得金額と考えにくい場合には、調査の対象となりやすいのです。

論点2　急激に売上げが増加して税務調査を受ける

ご質問のようなケースでは、毎年決まった取引先から仕事を受けており、毎年ほぼ同じような売上げであったのが、ある年だけ突発的な仕事の受注により急激に売上げが増加したことで、税務調査を受けたものと考えられます。

毎年決まったアプリの保守・メンテナンスといった仕事をしていたところ、ある年だけスポットの仕事で新規のアプリ開発を受注したりすれば、急激に売上げが増えることもあるでしょう。

毎年600万円程度の売上げだったのが、その年だけ2,500万円もの売上げを計上したのであれば、その要因を確認する主旨で税務調査を受ける可能性は高まります。

論点3　所得率の増減

税務署は納税者の毎年の所得率もチェックしています。

基本的に同じ仕事をしているのであれば、毎年同じ程度の所得率になると考えられるからです。

この所得率に大きな変動があれば税務調査を受けやすくなるでしょう。

実際、建設業で外注を使うようになってから税務調査を受けた事例もありました。

従前は手間受けであったため利益率が高かったのですが、業容を拡大するために外注を使用するようになり、利益率が下がったのです。

　決算書に外注費が計上されていることをみれば利益率が変動した理由はみて取れるのですが、確認のためとして調査を受けたのです。

　利益率などに大きな変動があると税務調査の対象となりやすいことは間違いありません。

調査対応のポイント

① 売上金額や利益率などに大きな変動があっても、事実を申告していれば問題はありません。

② 税務調査を受けぬよう、利益率等の変動を調整しているケースを見受けますが、事実に基づいて申告するようにしましょう。

税理士としての対応のポイント

・ 納税者に特殊事情がある場合などは、無用に税務調査を長引かせぬためにも決算書の「本年中における特殊事情」に具体的な事情を記載しておくとよいでしょう。

・ 確定申告書を提出する前に、あらかじめ過去の申告状況と比較して大きく変動している科目等のチェックをしておくべきです。

・ 過去の原始資料が何も残されていない場合には、進行年度の資料をもとに所得率等が算出され、その所得率を使用して過去の所得金額が求められることがあります。

　調査日の前月の資料をもとに所得率を算定し、過去の所得金額が算出された事例がありました。所得率に大きな変動があった場合には特に注意が必要です。

・　納税者が無申告の状態で税務調査を受ける際、過去分の申告書を作成するための資料が何も残されていない場合には、直近の所得率に基づいた申告書を作成しておくことで、税務署に対して根拠を説明しやすくなります。

CASE 2

| 社会保険労務士 | 調査選定理由 | 副業 | 所得区分 | 事業・雑所得 |

副業の赤字を給与所得から差し引いて申告して否認されるケース

　私は社会保険労務士として数年間事業を営み、確定申告もしていました。

　その後、社会保険労務士業を廃業し、給与所得者となりましたが、社会保険労務士試験の受験者に対して受験指導を行って、報酬を得ていました。

　数人の教え子から謝礼を受け取り、年間で数十万円の収入がありましたが、収支ベースでは赤字であったため、事業所得として申告を行い、その赤字を給与所得から差し引いていました。

　税務調査でどのような指摘を受けるでしょうか。

論点1　副業の確定申告

　近年、インターネットを利用した副業を行うケースが増えています。

　アフィリエイト、ブログの広告収入、オークションなどにより収入を得るケースも増えており、これらの収入に係る確定申告に対する関心も高まってきています。

副業に関しても確定申告が必要であることは年々認知されつつあるものの、いまだに無申告となっているケースも多いようです。

　給与所得者については１か所から給与等の支払を受けている人で、給与所得及び退職所得以外の所得が20万円を超える場合は確定申告をする必要があります（所法121）。

　また、２か所以上から給与等の支払を受けている人で、年末調整を受けない従たる給与等の金額と給与所得及び退職所得以外の所得の金額が20万円を超える場合も確定申告をする必要があります。

　ただし、給与の収入金額から所得控除の合計額を差し引いた残額が150万円以下で、しかも給与所得及び退職所得以外の所得金額の合計額が20万円以下の人は確定申告をする必要はありません。

　確定申告の要否は、上述した場合以外にもさまざまな規定により定められていますが、誤った認識により副業の所得が20万円以下であればただちに確定申告書の提出が不要であると思い込み、本来は確定申告書の提出が必要であるのに無申告となっているケースも多く見受けます。

　ネットにあふれかえる情報を鵜呑みにして、誤った認識をもってしまっているケースも少なくないようです。

　副業が流行り、確定申告すべき人が飛躍的に増えた結果、誤った申告も増える結果となり、副業に対する税務調査も増加傾向にあります。

論点2　副業の申告における所得の区分

　副業の申告においては稼得した所得の区分が問題となるケースが多く、一般的には事業所得か雑所得に該当するケースが多くなります。

　事業規模の生業であれば事業所得、そうでない場合は雑所得とされますが、どちらの所得区分であっても、利益が出ている場合は他の所得と

合算して課税されることとなります。

　問題となるのは赤字が生じた場合です。

　事業所得であれば他の所得と相殺（損益通算）できますが、雑所得となる場合は他の所得区分の所得と損益通算することはできません。

　ネット上で「副業の赤字を給与と相殺して節税する」といった趣旨の記事を見かけますが、これは副業による所得が「事業所得」であった場合の話であって、雑所得となる場合には相殺（損益通算）できないことに注意が必要です。

論点3　雑所得と判断されたケース

　ご質問のようなケースでは、副業で生じた赤字を給与所得と相殺（損益通算）していた場合、税務調査によって雑所得と認定されることが考えられます。

　そもそも個人事業としての社会保険労務士を廃業した後の本業（本来業務）による収入は給与所得に当たり、当該受験指導は本業たる事業とはいえず、事業所得にも該当しないため、雑所得と判断される可能性が高いでしょう。

　結果的に、当該赤字については損益通算が認められず、還付を受けていた金額について返還する必要が生じます（還付金額の返還）。

論点4　事業所得の要件

　一般的に、副業による所得について生じた赤字を他の所得と損益通算するためには、その所得が事業所得と判断しうるか否かが重要です。

　確定申告における総所得金額は、各種所得の金額の全部が黒字の場合

には、山林所得の金額及び退職所得の金額はそのままとし、その他の所得の金額を一定の計算方法に従って合計して計算します。

　また、各種所得の金額に損失がある場合には、他の黒字の各種所得の金額から控除します（所法69①、所令198）。

　しかし、特定の各種所得の損失等については、その他の各種所得の金額から控除することができないこととされているため注意が必要です。

　事業所得は、農業、漁業、製造業、卸売業、小売業、サービス業その他の事業を営んでいる人のその事業から生ずる所得とされているものの、副業における所得が事業所得に該当するか明確に判断することは難しいケースが多く、副業における所得に係る税務調査では、

　・その所得を得るための活動を反復継続しているか

　・その所得を得るための活動に相当な時間をかけているか

という点が重視されます。

　会社員が帰宅後、定期的に副業をしていることが明白であれば、事業として反復継続していることとなります。

　問題は相当な時間をかけているかどうかという点です。

　会社員であれば、副業に割ける時間はおのずと限られますから、雑所得と判断されてしまうケースが多いようです。

　週に1、2回、数人の受験生に向けて受験指導をしていた程度では、反復継続の事実はあったとしても、相当な時間をかけているとはいいがたく、雑所得と判断される可能性は高いでしょう。

　また、事業であることの判断はあくまで実質的な事実に基づいて判断が下されます。士業の資格を有し、開業届を提出しているか、あるいは青色申告承認申請書を提出し、会計ソフトを利用して副業の総勘定元帳

も作成していたといった形式的な側面からではなく、実質的な実態により判断される点に留意すべきでしょう。

調査対応のポイント

① 　細かな要件を確認せずに「所得が20万円以下なら申告不要」とのネット上の情報を鵜呑みにしているケースが多くみられますが、注意が必要です。

② 　「副業を赤字にして節税」というフレーズをネット上で散見しますが、これは副業による所得が事業所得であった場合の話です。副業による所得が事業所得、雑所得のいずれに該当するかの判断は慎重に行う必要があります。

税理士としての対応のポイント

・ 　納税者が副業により得た所得が事業所得に該当すると判断される場合、その根拠を説明できるようにしておくべきです。

・ 　納税者が申告した所得区分の誤りが判明した場合には、修正申告書の提出を速やかに検討すべきです。臨場前に税理士が申告内容を確認することは非常に重要で、誤りを発見した場合には修正申告書を提出することで早期に税務調査を終えられる場合もあります。

CASE 3 システムエンジニア　　雑費　調査選定理由　税務指導　経費

勘定科目を仕訳せず、すべて雑費として申告しているケース

　白色申告者である私は、毎年、自力で確定申告書を作成していましたが、不理解もあり、勘定科目を仕訳せず、すべて雑費として申告してしまっていました。

　売上げは売上高として記載していましたが、必要経費は雑費としてのみ記載していました。

　帳簿も特に作成しておらず、保存していた領収書の金額を合計し、その金額を雑費としてそのまま申告書に記載していました。

　税務調査では、どのような指摘を受けるでしょうか。

論点1　事前に決算書等の勘定科目をチェック

　事業所得や不動産所得を生じる業務を行う白色申告者が確定申告書を提出する場合には、これらの所得に係るその年中の総収入金額及び必要経費の内容を記載した書類（収支内訳書）をその申告書に添付する必要があります（所法120⑥）。

また、青色申告書を提出する場合には次に掲げる書類を添付すること
とされています（所法149、所規65）。

- ・貸借対照表（簡易帳簿の方法を採用する青色申告書を除く）
- ・損益計算書
- ・不動産所得の金額、事業所得の金額の計算に関する明細書
- ・純損失の金額の計算に関する明細書

　現在は白色申告者であっても帳簿の作成が必要とされ、個人事業者は
青色・白色にかかわらず、すべての者が帳簿を作成し、その帳簿に基づ
き青色決算書や収支内訳書（以下、青色決算書等）を作成する必要があ
ります。

　計上された売上げや必要経費に誤りがあれば、税額も変わってくるた
め、税務調査では確定申告書に記載された所得金額を算定するもととな
る青色決算書等の資料が重視されます。

　税務署側は税務調査前に青色決算書等を必ず確認しており、重点調査
すべき勘定科目をチェックしてきています。

　後述の【CASE27】で説明するように、あらかじめ重点的に調査すべ
き科目を調べています。

論点 2 　すべて雑費としていた場合

　青色決算書等に記載すべき勘定科目について特に定めはありません。

　また、国税庁が作成している決算書等の記載例には、あらかじめ勘定
科目が印字されていますが、必ずしもこれに従う必要はありません。

　例えば、ガソリン代を旅費交通費、消耗品費、車両費など、いずれの
勘定科目で計上しても問題ありませんし、そのまま「ガソリン代」とし

て費目計上していても問題ありません。

　必ずこの科目を使用しなければならないといった定めはありませんが、ある程度わかりやすい科目を使用する必要があるでしょう。

　ご質問のケースは、消耗品費や旅費交通費、通信費などの必要経費をすべて「雑費」として計上していたとのことですが、帳簿の備え付けもなく、領収書等の原始資料が部分的にしか保存されていない場合、雑費の内訳がわからない状況が考えられます。

　そのような場合には、保存されていた領収書に基づき、税務署側で新たに科目ごとに仕分け直した集計により、必要経費を算定し直される可能性があります。

　必要経費の合計額が当初申告との差異が少ない場合には、否認されずに済むケースもあるかもしれませんが、帳簿作成や適切な科目への仕分けにより申告するよう指導を受けることとなるでしょう。

　また、こうしたケースでは、消費税に係る計算についても、雑費の金額をそのまますべて課税仕入れとしているケースが多いようです。

　消費税額計算における課税仕入れ等の税額について仕入税額控除の適用を受けるには、帳簿の作成保存と原始資料の保存が要件となり、事業者が課税仕入れ等の税額の控除に係る帳簿及び請求書等を保存しない場合にはその保存がない課税仕入れ等の税額については仕入税額控除の適用を受けることはできません（消法30⑦）。

　税務調査で新たに仕分け直した科目に基づき再検討が行われ、課税仕入れと認められない経費が生じることもあり得ます。

論点3　雑費の金額が多いため税務調査を受けた事例

　実際のケースでは、勘定科目は仕分けていたものの、雑費の金額が多

額であることを理由に税務調査を受けたこともあります。

　ある事例では、他の経費科目の合計額が40〜50万円だったのに対し、雑費が200万円以上もありました。

　雑費は他のどの科目にもあてはまらないようなものを記載することが一般的で、雑費の額が一番大きくなるようなことは通常考えにくいのです。

　雑費が突出して大きな経費として計上されていたため、その内容確認のための調査でした。

　雑費の内容は新規事業にかかる経費をまとめて記載していたもので、既存の事業とは別の新たな事業にかかる経費であったため、科目を分けた方がよいだろうと判断して雑費にひとまとめにしていたのです。

　この事例では帳簿は作成していませんでしたが、科目ごとに領収書を分けて保管していたため、内訳はすぐに判明し、打ち合わせ費用や出張費が雑費として計上されていたことから、結果的にはすべて必要経費として認められました。

　この調査でも、雑費という科目はなるべく使用せず、それぞれ適切な科目に振り分けるよう指導を受けました。

調査対応のポイント

① 　勘定科目はどのように設定しても構いませんが、できるだけわかりやすい科目名を記載するようにしましょう。

② 　必要以上の調査を受けぬためにも、なるべく雑費を使用せず、適切な科目を設定して仕分けるようにしましょう。

③ 　各種の団体が確定申告の相談会を実施していますが、収支内訳書や青色決算書等を添付せずに確定申告書のみを提出し

ているケースを見受けます。経費の内訳が不明となり、税務
調査を受けやすくなるため、必ず決算書等も提出するように
しましょう。

税理士としての対応のポイント

・　決算書等にはできるだけわかりやすい勘定科目を使用して「雑
費」という科目を曖昧な区分で使用することは避けるよう、納税
者にも指導すべきです。雑費の金額が突出して多いことから税務
調査を受けるケースは非常に多く、必要経費とは認められない生
活費等が含まれている場合は否認される可能性が高いでしょう。
　　既存の科目に該当しない費用を生じた場合でも、新たに科目を
設定するなどして決算書に記載し、無用な調査を避けるように指
導すべきです。

CASE 4 　通訳業

国外源泉所得　海外口座

外国にある銀行口座の入金内容が確認されるケース

　私は20年前にイタリアから来日し、日本人と結婚後、ずっと日本に住んでおり、通訳業を営んでいます。

　生活費が不足したときに、母国の銀行にたくわえた貯蓄を取り崩して生活していました。

　日本国内では通訳業を営むことによる収入がありましたが、日本の税制がよく分からなかったため、ずっと無申告のままでした。

　税務調査では、海外に保有する銀行口座の取引内容も確認されるのでしょうか。

論点1　全世界所得課税

　個人における所得税の納税義務者は居住者と非居住者に区分されており、その課税所得の範囲や課税方式は次表の通りとされています。

　所得税法では、国内に住所を有し、または、現在まで引き続き1年以上居所を有する個人と、そのうち日本国籍を有さずかつ過去10年以内に国内に住所または居住を有していた期間の合計が5年以下の個人である非永住者を居住者と定めています（所法2①三）。

それ以外の者は非居住者となります。

非永住者以外の居住者である場合には、世界のどこで所得を得ても日本の所得税が課されます。

【個人の納税義務者の課税所得の範囲】

所得区分 / 居住区分		国外源泉所得以外の所得	国外源泉所得	
		国内源泉所得	国内払	国内送金
居住者	非永住者以外の居住者	課　税		
	非永住者	課　税		
非居住者		課　税	非課税	

日本の居住者であれば、国外で収入を得た場合、その収入についても日本の所得税が課されることとなります。

非居住者の場合には、国内源泉所得についてのみ所得税が課されます。

国外で稼得した所得には現地国での課税が行われるため、同一の所得に国内と現地国で二重に課税されることを防ぐために外国税額を控除できる制度もありますが、すべての所得が課税対象となることに注意が必要です。

論点2　外国からの資金移動

ご質問のケースでは、相談者は日本人と結婚して以来、20年以上日本に住んでいるとのことですから、居住者に該当します。

日本国内で通訳業を営むことで得た報酬については、通常、所得税が源泉徴収されているはずで、所得税が還付されるケースもあるでしょう。

しかしご質問にある通り、母国の銀行から国内の銀行口座へ入金があることが判明するなどした場合には、資産移動の経緯について確認を求められることになるでしょう。

国外での在住期間にたくわえた貯蓄を生活費の不足を補うために資金移動していた事実について、説明を求められることになります。

論点3 海外の銀行取引も確認

税務調査では、国外に保有する銀行口座の取引明細も取り寄せるように指示される可能性もあります。

ご質問者は日本国籍を有していないかもしれませんが、日本に20年以上住んでいることから居住者とされます。

居住者である場合には、国外で稼得した所得についても所得税の対象となるため、海外の口座に収入が入金されているかどうか、確認を求められます。

通訳業による収入のうち、海外の口座に入金されているものが申告漏れとなっていた場合、所得隠しと判断されてしまう可能性もあります。

たとえば海外の企業から受けた仕事の報酬を、取引先の都合で海外口座で入金を受けた場合であっても、売上げとして申告する必要があるのです。

また、海外口座で証券取引を行っている場合なども、その損益について正しく申告する必要があり、取引履歴も詳しく調べられることとなるでしょう。

税理士としての対応のポイント

・ 税務調査では、海外からの入金や国外への送金については詳細な調べを受けます。

実際、外国籍の妻の家族に対し、生活費として海外送金した金額について、詳細に内容を調べられたこともありました。

この事例では送金額が1,000万円と高額であったことから、送金の内容について執拗に尋ねられました。

納税者としては、国外の親族に対する生活費としての送金であったため、事業にかかる経費とはしていませんでした。

しかし、経費として処理していなくても詳細に内容を確認されたのは金額が高額であったからでしょう。

送金先の名義人が本当に妻の親族であるかの確認を求められ、銀行に提出した書面の写しを提出してようやく事なきを得ました。

近年は、金融機関においても海外送金する際に送金先の名義人との関係を確認しており、この納税者も海外送金時に銀行から親族関係がわかる書面を提出するよう求められていたのです。

税理士としては、事前に海外からの入金や海外送金の有無を納

税者に確認し、そのような事実がある場合には内容をしっかり確認し、可能な限り内容が確認できる書面等を用意しておくとよいでしょう。

取引先に対する税務調査により無申告が判明するケース

私は個人で建設業を営み、特定の取引先から継続して仕事を受けていますが、ずっと無申告のままでした。

個人事業者となる以前は有限会社を経営していたこともあり、税務関係の知識も多少はあったのですが、法人と異なる個人での確定申告の方法がよくわからず、無申告のまま放置してしまっていました。

このたび初めて無申告であることを指摘され、税務調査を受けることとなりましたが、取引先に対する税務調査がきっかけとなることがあるのでしょうか。

論点1　取引先の調査により判明

税務署は、提出された確定申告書の内容に不審な点がある場合や外部からの情報提供などさまざまな経路から情報を得て、それらの客観情報に基づき税務調査を行うケースもあります。

税務署に提出される支払調書などの書類も重要な情報源となり、提出した者に対するだけでなく、支払先に関する情報もそこから読み取るの

です。

　税務署はあるところへ税務調査に入る場合、その者に対する調査を行うのみにとどまらず、今後の調査対象の選定に係る情報収集も同時に行っています。

　ある者に対する税務調査において、その者が関係する取引先に係る取引情報なども入手できますので、それらの情報をもとに、取引先へ調査に入ることもあります。

　税務調査において、そのような観点からとりわけ重点的に調べられるのが「外注費」です。

　外注費に関しては、相手先の氏名（社名）や住所、連絡先その他について、詳細な聞き取りが行われます。

　領収書や請求書等の資料が保存されておらず、支払先などが確認できない場合には相手方の氏名や住所、連絡先を提示するよう求められます。これらの情報が提示できない場合には、必要経費として認められないこともあるため注意が必要です。

　とりわけ建設業等では、工事現場で現金払いにより決済することも多く、領収書を発行していないケースも珍しくありません。

　支払側は経費計上するためにメモ等を書き残していることもありますが、受領者側には何も資料が残されていないこともあります。

　このような場合、支払側に対して行われた税務調査によって、受領者側の無申告が判明するケースもあります。

　仮に支払先に対して税務調査を行ったとしても、税務署はどこから情報を得たかを明かすことはありません。

　税務調査で取引先が反面調査を受けて迷惑がかかることを心配される方もいますが、税務署はどこから情報を得たのか、なぜ調査を行ったのかを明かすことはありません。

お尋ねのように長く無申告の状態を放置していた場合などで、ある日突然税務署から「○○社からの収入がありますよね」などと、確認を求める連絡があった場合などは、取引先への税務調査がきっかけとなっている可能性は高いでしょう。

何年もの間、無申告のままでも税務署から連絡が来ることなどなかったため、今さら調査を受けるなどとは思いもよらなかったという納税者は少なくありませんが、税務署は水面下でさまざまな情報を得て調べを進めているのです。

このようなケースでは何も原始資料が残されていないことが多いのですが、通帳やクレジットカード明細を再発行してもらうなどして、売上げや必要経費を計算できるように可能な限り資料を用意するようにしましょう。

売上げの入金がすべて振込みであれば、通帳の明細を確認すれば済みますし、必要経費についてはクレジットカードの明細から確認可能な範囲については集計することができます。

無申告であった場合には、無申告加算税も課され、相当の税負担となる可能性があります。

論点 3　法人の税務調査から個人の副業が判明

勤務先に税務調査が入り、その調査過程で従業員個人の副業に係る無申告が判明する場合もあります。

従業員として勤めていた会社が税務調査を受け、その際に従業員個人の通帳まで調査の対象となり、個人的な副業による収入が判明すること

があります。

　たとえば会社の支出に係る経費性の確認過程で、納税者の銀行口座に経費の立替金として会社から頻繁に入金がある場合などに、従業員個人の銀行口座にまで調査が及ぶようなケースです。

　経費の立て替え払いについて特に問題は見当たらなかったとしても、従業員である納税者個人の通帳にその他の高額の入出金が頻繁にあったことで、副業収入があることが判明する場合もあります。

　勤務先法人に対する調査であれば、納税者の副業による収入についてその場で深く追及されることはないかもしれませんが、副業収入があることを管轄の税務署に報告されれば近い将来に調査を受ける可能性が高まります。

　このように、税務調査の目的として、今後の調査対象者になりうる者に係る情報収集も行っていることがわかります。

　取引先や勤務先に対する調査により自身の申告漏れや誤りが判明し、調査を受けることもあるのです。

調査対応のポイント

①　無申告であっても何年も税務調査がないから安心だなどと考えるべきではありません。いずれ税務調査は行われると考え、早めに申告すべきです。

②　取引先に対する反面調査などから申告漏れが判明することもあります。とりわけ現金取引は重点的に調査されるため、申告漏れがないように注意が必要です。

税理士としての対応のポイント

・　納税者が取引先の税務調査がきっかけで税務調査を受けることになった場合、申告内容について事前にかなりの情報を把握されていることが予想されます。臨場前に申告内容を見直して誤りがないかしっかり確認しておくべきです。誤りが見つかった場合には修正申告書を提出することも検討すべきでしょう。

　　また、取引先との取引内容についても説明できるようにしておきましょう。イレギュラーな取引や税務上の取り扱いや判断に迷うような取引については、納税者が申告時にどのような判断を下したか、説明できるようにしておく必要があります。

CASE 6　輸入加工業

当局対応　当局からのお尋ね

税務署からのお尋ねを無視し続けた結果、税務調査に発展するケース

　私は海外から材料を仕入れてアクセサリーを作成し、国内で販売するとともに輸出販売も行っており、開業から5年目にして初めて売上げ1,000万円を超える確定申告を行いました。

　消費税の申告についてはよくわからなかったことから、無申告のままでした。

　売上げが1,000万円を超えたため、消費税の課税事業者に該当することとなり、消費税の申告書の提出が必要とのことで、確定申告後、税務署から書面で消費税の申告に関するお尋ねが何度か届いていましたが、どのように回答すればよいかわからずに放置していたところ、税務調査を受けることとなりました。

　このようなお尋ねにはどのように対応すべきでしたでしょうか。

論点1　税務署からのお尋ね

　個人の所得税に係る税務手続きは、確定申告書を提出し、納税を行え

ば完結します。

　提出した確定申告書に誤りなどを見つけた場合には、修正申告や更正の請求を行うことが可能です。

　税務署も確定申告書を受理する段階では、その場でパッとみて明らかな記載間違いなどは指摘することもありますが、申告内容などの誤りについてその場で指摘を行うことはほとんどありません。

　申告内容が正しいか否かを提出の段階で指摘することはなく、その適否は税務調査を通じて確認が行われます。

　申告後には、税務調査を要するほどでもない簡易的な手続きについてお尋ねが来ることもあり、電話や書面で確認でき次第、税務署側で修正するケースもあります。

　こうした簡易的な手続による修正で多いのが、還付口座の誤りです。

　還付を受ける旨記載した確定申告書を提出したものの、還付口座の記載が漏れていたり、誤っていたりする場合、税務署からお尋ねがあります。このようなケースでは、修正申告書を提出するまでもなく、正しい還付口座を伝えればよいだけです。

　他には予定納税に係る記載漏れに関するお尋ねも多くありますが、この場合には修正申告や更正の請求を行うよう求められることもあります。

　青色申告承認申請書の適用年月日を誤るなどした場合には、届出書の記載内容についてのお尋ねが来ることもあります。

　実際のケースでは、適用年月日に1年前の日付を記載したことが税務署からのお尋ねで判明し、口頭で正しい年月日を伝えた結果、税務署側での訂正事項として受理されたことがあります。

　税務署からお尋ねが来るというと税務調査ばかりを想像しがちですが、こうした連絡も少なくありません。

論点2 お尋ねに対応せず税務調査に発展

　ご質問のように、税務署からのお尋ねに対応せずにいるうちに、税務調査に発展してしまうケースは少なくありません。

　売上げが1,000万円を超える確定申告書を初めて提出すると、確定申告後、税務署から消費税の課税事業者となる場合に提出が必要となる課税事業者届出書に関する案内が郵便で届くことがあります。

　郵便物には簡易課税制度選択届出書等が同封されていることもあります。

　こうした税務署からのお尋ねについて、消費税に関する知識が乏しく、売上げが1,000万円を超えると消費税の課税事業者になることも知らずにお尋ねに回答せずに放置してしまう納税者もあるようです。

　同様のお尋ねは何度か郵便で行われるようですが、そのまま放置していると税務調査に発展する可能性が高まります。

　実際に、調査官から「何度か消費税に関して書面をお送りしたのですが、回答がありませんでしたので、調べに参りました」と言われた事例もあります。

　別の事例では、青色事業専従者である妻について、青色事業専従者給与に関する届出書も提出し、青色申告の適用も問題なかったものの、支給していた15万円の給与について、源泉所得税の手続きを何もしていなかったことについて、お尋ねがあったケースがあります。

　納税者は、給与支給時に所得税を源泉徴収し、納付する仕組みを正しく理解しておらず、そのことについて税務署からお尋ねがあったのです。

　確定申告書に記載した携帯電話の番号に何度か税務署から連絡があったようですが、知らない番号であったことから対応せずにいました。

するとその後、税務調査を受けることとなり、調査官から「源泉所得税についてのお尋ねを何度かしたのですが」と告げられたそうです。

　税務署からの最初のお尋ねのタイミングで適切な対応を取ることが重要で、自分で対処することが難しければ、その後の対応を専門家である税理士に委ねることを検討してもよいでしょう。

調査対応のポイント

① 　必要のない税務調査を受けることを避けるためにも、税務署からお尋ねがあった場合には適切に対応すべきでしょう。
② 　税務手続きにおける不明点などは、大きな問題となる前に税務署や税理士に事前に相談するようにしましょう。税務署による税務相談などを活用し、適切に対応することが肝要です。

税理士としての対応のポイント

・ 　関与先に税務署からの書面や問い合せによるお尋ねがあった場合には、速やかに報告してもらうようにしておきましょう。事前に適切な対応を行うことで、不必要な調査を避けられるかもしれません。

・ 　新規に税務調査対応等の依頼を受けた場合には、事前に税務署からの書面が届いていないか、問い合せなどがないかを確認するようにしましょう。その内容を確認することで、税務調査の目的を把握し、適切な対応を図ることが可能となります。

CHAPTER 2

税務調査の手続き
～事前通知～

更正の予知が論点となり、一度告げられた重加算税が課されないケース

　私は、電気工事業を営んでいます。毎年自分で確定申告書を作成していましたが、税負担を減らすために売上げを減額して申告していました。

　このたび税務調査の事前通知があったため、自主的に修正申告を行いましたが、税務調査でその修正申告においても売上げの計上漏れが見つかりました。

　当初、税務調査前に提出した修正申告に係る所得税・消費税についても更正の予知があったとして重加算税の対象となると告げられましたが、更正の予知とはどのようなものでしょうか。

論点 1　事前通知の後に修正申告書の提出は可能か

　税務調査が行われる場合には、原則として事前に納税者に対し事前通知が行われます。

　この税務調査の事前通知は、調査手続きの透明性・納税者の予見可能

性を高める観点から、税務調査に先立ち行うこととされています（通法74の9）。

事前通知により通知される内容は以下のとおりです（通法74の9①、通令30の4）。

・実地調査を行う旨

・調査を開始する日時

・調査を行う場所

・調査の目的

・調査の対象となる税目

・調査の対象となる期間

・調査の対象となる帳簿書類その他の物件

・調査の相手方である納税義務者の氏名及び住所又は居所

・調査を行う当該職員の氏名及び所属官署

・調査開始日時又は調査開始場所の変更に関する事項

・事前通知事項以外の事項について非違が疑われることとなった場合には、当該事項に関し調査を行うことができる旨

しかし、調査の適正な遂行に支障を及ぼすおそれがあると認められる場合には、課税の公平確保の観点から、事前通知を行わないケースもあります（通法74の10）。

事前通知がないまま実地調査を実施する場合であっても、調査の対象となる納税者に対し、臨場後速やかに、

・調査を行う旨

・調査の目的

・調査の対象となる税目

・調査の対象となる期間

などを通知するとともに、調査の途中で非違が疑われることとなった場合には、通知した税目や期間以外の事項についても調査を行う旨を説明することとされています。

　原則として税務調査の前に事前通知があり、一般的には事前通知後、実際の調査日まで期間があります。その期間中に、調査に際し必要な書類を準備することとなります。

　その準備の段階で申告内容に誤りが見つかることもありますし、当初から誤りを自覚しているケースもあります。

　提出した申告内容に誤りがある場合には修正申告書を提出し、誤りを修正することも可能ですが、このような場合、税務調査の事前通知があった後も修正申告書の提出ができるかどうかが問題となります。

　結論から言うと、事前通知後であっても、誤りがある場合には修正申告書を提出することは可能です。

論点2　事前通知後に修正申告書を提出した場合の加算税の取り扱い

　税務調査によって申告漏れなどの誤りを指摘された場合には過少申告加算税が課されます（通法65①）。

　さらに、意図的な売上除外が確認された場合には重加算税が課されることもあります（通法68）。

　ただし、平成28年税制改正前の国税通則法では、税務調査の前に自主的に提出した修正申告については加算税は課されないこととされていました。

　仮に売上除外があったとしても、事前通知があってから調査日の前までに自ら修正申告書を提出した場合には、加算税は課されなかったのです。

　しかしこの取扱いは、平成28年度の税制改正により、平成29年1月1日以後に法定申告期限または法定納期限が到来する国税については5％の加算税が課されることとされました。

　すなわち、改正後は期限内申告に係る修正申告書が調査の通知後に提出され、かつ、その提出が調査による更正を予知してなされたものでない場合であっても、納付すべき税額に5％の割合を乗じて計算した金額の過少申告加算税が課されることとなりました（通法65①⑤）。

【平成28年度税制改正後の加算税割合】（国税庁ホームページ）

修正申告等の時期	過少申告加算税		無申告加算税	
	改正前	改正後	改正前	改正後
法定申告期限等の翌日から調査通知前まで	対象外	同左	5％	同左
調査通知以後から調査による更正等予知前まで	対象外	5％〔10％〕	5％	10％〔15％〕
調査による更正等予知以後	10％〔15％〕	同左	15％〔20％〕	同左

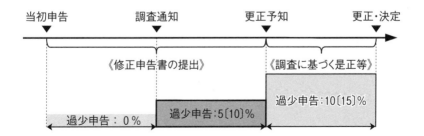

（注1）〔 〕書きは、加重される部分（過少申告加算税：期限内申告税額と50万円のいずれか多い額を超える部分、無申告加算税：50万円を超える部分）に対する加算税割合を表します。

（注2）更正等を予知してされたものである場合には、調査通知の有無にかかわらず、加算税（調査による更正等予知以後の加算税割合）が賦課されます。

加算税に係る改正は平成29年1月1日以後に法定申告期限または法定納期限が到来する国税から適用されますので、平成27年分以前の取扱いについては事前に修正申告書を提出した場合は従前どおり加算税が課されません。

論点3 更正の予知があったかどうか

税務調査により誤りが見つかった場合には、原則として税務署側で更正が行われることとなります。

実務的には修正申告書の提出について納税者に対する勧奨が行われ、納税者自ら修正申告書を提出して調査終了となるケースが多いです。

ご質問のようなケースで事前通知後から調査日の前に修正申告書を提出した場合には、原則として、加算税5％が課されます（平成28年分以後）。

要件として、「更正の予知がなかった場合は」とされていますので、更正の予知の有無が問題となります。

更正は税務署側が行う手続きです。

つまり、税務署によって更正されることを予知していたかどうかが問題となるわけです。

更正の予知があったと判断された場合には、5％の過少申告加算税で

はなく従来どおり10％の過少申告加算税が課されます。また、仮装隠蔽があった場合には重加算税となります。

　実際、事前通知後に修正申告書を提出した際に更正の予知があったとして、35％の重加算税を課す旨、告げられたことがあります。

　当初の申告で税負担を減らすために意図的に売上げを減額して申告し、調査により誤りを指摘されることが予知できたとの理由から、更正の予知があったと判断されるケースです。

　しかし更正の予知はなかったことを主張した結果、重加算税が課されなかったケースもあります。

　国税庁のホームページに掲載されている「更正の予知」に係る事務運営指針によると、

　通則法第65条第1項又は第5項の規定を適用する場合において、その納税者に対する臨場調査、その納税者の取引先に対する反面調査又はその納税者の申告書の内容を検討した上での非違事項の指摘等により、当該納税者が調査のあったことを了知したと認められた後に修正申告書が提出された場合の当該修正申告書の提出は、原則として、これらの規定に規定する「更正があるべきことを予知してされたもの」に該当する。

（注）　臨場のための日時の連絡を行った段階で修正申告書が提出された場合には、原則として、「更正があるべきことを予知してされたもの」に該当しない。

とあります。

　つまり、税務署側が取引先に反面調査を行って誤りに気づいたり、提出された申告書の記載内容の間違いなどを把握した後、非違事項としてその誤りや間違いを税務署から指摘されたりした後に修正申告書を提出すると、更正の予知があったと判断されるのです。

　運営指針の注書きにあるように、臨場のための日程調整の連絡があっ

た時点で修正申告書を提出したというだけでは「更正の予知」があった
ことには当たりません。

　したがって、納税者が意図的に売上げを減額し、申告内容に誤りがあ
ることを自覚しているような場合でも、税務署側からその誤りを指摘さ
れたり、反面調査等により税務署側が誤りに気づいた後に、非違事項と
して指摘を受けたわけでなければ、更正の予知があったとはされないケ
ースもあり得ることとなります。

　しかし、調査により更正があるべきことを予知して修正申告がされた
ものでないことの主張・立証責任は納税者にあると解されているため、
更正を予知していなかったことについては納税者側で主張する必要があ
りますし、普段から適切な納税を心がけるべきでしょう。

調査対応のポイント

① 　税務調査の事前通知後に申告内容を見直して誤りが見つか
った場合には、修正申告書を提出することも検討しましょう。
② 　過少申告加算税や重加算税が課された場合には、その理由
を確認するようにしましょう。

税理士としての対応のポイント

・　事前通知があってから臨場前に修正申告書を提出した場合には、
更正の予知が問題とされるケースが多いため、更正の予知がなか
ったことを説明できるよう準備しておくことが肝要です。
・　更正の予知を指摘された場合には本当に更正の予知があったの

か、よく検討すべきでしょう。

　実際にあったケースでは、事前通知後、調査官に「税務署側で預金通帳の取引内容を銀行に照会して調べます」と告げられましたが、調査日までに日にちがあったことから納税者側で資料の準備をしていたところ、申告内容に納税者が意図していなかった誤りが見つかり、調査日前に修正申告書を提出しました。

　その後、調査が進んだ段階で「修正申告書は預金口座を調べる旨を伝えた後に提出されているので、加算税は更正の予知があったものとして取り扱う」と調査官に告げられました。しかし、確かに銀行口座を調査されることは告げられていましたが、その時点で非違事項の指摘はありませんでしたし、更正を予知していたとは言えない旨主張した結果、重加算税とはされず、過少申告加算税が課されました。更正の予知がなかった旨を主張していなければ、おそらく重加算税を課されていたことでしょう。

　更正の予知があったと指摘された場合には、状況をよく把握して慎重に対応することが求められます。

事前通知の後、調査開始前に提出した修正申告書の内容でそのまま是認されるケース

　私は毎年自分で確定申告書を作成していましたが、子供の学費や生活費等をねん出するために所得を過少に申告していました。

　税務調査の事前通知があった時点で申告に誤りがあることは自覚していたので、調査開始前に修正申告書を提出しましたが、修正申告書の内容が正しければそのまま税務調査が終わることもあるのでしょうか。

論点 1 　税務調査の事前通知

　通常は、調査官が突然臨場し、いきなり税務調査が始められることはありません。

　平成25年1月から税務調査の手続を定めた国税通則法の規定が施行されたことにより、税務調査の際には事前通知が行われることとされ、どのような目的で、何の税目について、何年分の調査となるのかを納税者に事前に通知することとされたのです（通法74の9）。

　一般的には事前通知の際に調査日の日程調整を求められます。

その際に税務署の都合を優先する必要はなく、仕事等の予定があれば延期することも可能です。

事前通知があってから実際の調査開始までにしばらく日が空くこともあります。

論点2 調査前に修正申告書を提出できるか

税務調査の連絡が来てから実際の調査日まで数日間の空きがあり、通常はこの間に調査に向けた準備を行います。

必要書類を揃えたり、申告内容を見直す準備段階で、不足する資料を確認し、領収書などの再発行を依頼するなどの手続きも必要となります。

この準備段階で申告の誤りに気づく場合もあります。

いったん提出した申告書を見直すことはほとんどないため、このようなときでないと誤りに気づきません。

税務調査によらずとも、自身の申告に誤りがあることに気づいた時点で修正申告書を提出することは可能です。

しかし、ご質問のように意図的に過少申告をしているようなケースでは、税務調査の通知があった時点で誤りがあることはわかっています。

修正申告書は税務調査の通知がなされた後であっても提出は可能ですが、その修正申告書の内容についても詳細な調査を受けることとなります。

調査の結果、何も問題がなければそのまま税務調査が終了することもありますが、故意であることを指摘され、重加算税を課される可能性があることも考えておくべきでしょう。

論点3　調査期間

　税務調査の対象となる期間は経験上3年間とされることが多いのですが、3年間の対象期間中で否認項目がある場合、5年間遡って調査されることもあります。

　さらにこの5年間で脱税等の不正行為がみつかれば、調査対象期間は7年間とされることもあります。

　国税徴収権の消滅時効の期間は5年とされています（通法72①）。

　国税徴収権で、脱税等の行為により本来負担すべきだった税額を免れ、または還付を受けた国税に係るものの時効については、当該国税の法定納期限から2年間は、進行しないこととされています（通法73③）。

　事前通知で調査対象期間が3年間とされた場合に3年分の修正申告をしたとしても、5年間は遡って調査できることから、残りの2年間で不正行為を認定される可能性もあります。

　すると3年間の修正申告をしても、税務調査では7年間は遡って調べを受ける可能性が生じてきます。

　事前通知があった場合には、過去5年分の申告内容を見直した方がよいと考えられます。

　なお、偽りその他不正の行為があった場合には、調査前に修正申告書を提出したとしても調査期間が7年間とされる可能性もあります。

調査対応のポイント

① 当初から適切な申告をしておけば、税務調査の連絡があっても慌てる必要はありません。

② 事前に誤りに気づいた場合には修正申告書の提出を検討しましょう。

税理士としての対応のポイント

・ 修正申告書を提出する場合には、何年分遡って提出するかの判断は慎重に行う必要があります。

・ 税理士が関与した修正申告書の提出がなされた場合には、申告内容の信頼度も高まります。納税者から調査対応の依頼を受けた場合には、当初の申告内容について慎重に確認し、誤りに気づいた場合には修正申告書を提出することで、調査を早期に終えられる可能性が高まります。

CHAPTER 3

重加算税となるケース、ならないケース

～仮装隠蔽や恣意性が疑われた場合～

独自のソフトで集計をしていて過少申告となっているケース

　私は請求書の発行と集計を連動させるために自分でシステムを設計して独自の集計方法を採用していました。

　請求書を作成すると科目や金額が連動し、売上金額を科目ごとに集計できるように設定していました。

　税務調査の連絡があり、このソフトを見直したところ、設定に誤りがあり、売上金額が正しく集計されていないことが判明しました。このようなシステムの設定ミスで申告の誤りが生じた場合は、どのような問題がありますか。

論点1　会計ソフトを利用するのが一般的

　個人事業者は白色申告者であっても帳簿の作成保存は必須とされており、不動産所得や事業所得等を生じる業務を行う白色申告者は、一定の帳簿を備え付け、これらの所得を生じる業務に係る総収入金額や必要経費を簡易な方法で記録するとともに、その帳簿や関係書類を保存する必要があります（所法232①）。

　青色申告である場合のみ帳簿が必要だと勘違いしているケースもある

ようですが、注意が必要です。

帳簿の作成保存は消費税の仕入税額控除の適用要件とされ、事業者が課税仕入れ等の事実を記録した帳簿や請求書等の原始資料を保存していない場合には、課税仕入れ等の税額については、仕入税額控除の適用を受けることができません（消法30⑦）。

帳簿の作成については会計ソフトを利用することが一般的です。

近年ではクラウド会計が浸透し、利用者も増えてきました。

会計ソフトにはたくさんの種類がありますが、どれを利用しても必要な帳簿を作成することはできます。

納税者の中には市販の会計ソフトを利用せず、独自のソフトを利用しているケースもありました。

論点 2　独自のソフトを利用していたケース

ご質問のケースと同様に納税者自身で請求書の作成と売上集計を連動するようなソフトを作成して利用しているケースがありました。

クラウド会計にもそのような機能がありますが、この納税者はクラウド会計が世に出てくる前から自作でこのようなソフトを使用していたのです。

請求書を発行すると、その日付や金額により自動的に売上金額が集計される仕組みで、それをもとに確定申告書を作成していました。

集計データは保存していたので、調査の事前通知後にすぐに資料を用意しました。

しかし、その集計データを改めて確認したところ、集計に誤りがあることに気づいたのです。

自作ソフトの日付が連動する部分の設定が誤っていて、2か月分の集

計がなされていなかったのです。

　納税者の経理事務は毎月の売上げについて月末締めで請求し、翌々月末に入金されるサイクルとなっていました。

　このサイクルでは、11月分の売上げは翌年1月、12月分の売上げは翌年2月に入金されることとなります。

　独自ソフトでの設定上、集計する際に請求書の日付にプラス2か月した日付を設定していました。

　月末締の翌々月末入金であったため、1月分の売上げが3月末に入金されます。

　そのため入金ベースで3月末入金から翌年2月末入金までの12か月分を売上げとして集計するような設定にしていたつもりでした。

　ところが、11月分が2か月をプラスすると翌年1月とはならず13月、12月分が14月となってしまっていたのです。

　そのためデータ集計が誤っており、2か月分の売上げが計上漏れとなってしまっていました。

論点3　意図的かどうか

　税務調査の結果、売上げの計算間違いや計上漏れを指摘されることは少なくありません。

　誤り自体は修正申告をすればよいのでさほど大きな問題ではありませんが、その誤りが意図的であるかどうかは非常に重要な問題となります。

　意図的であると判断されれば、重加算税の対象とされることもあります（通法68）。

　ご質問のような場合にも、意図的であったかどうかが問題とされます。

　先の事例では単なる期ズレではなく、毎年2か月分の売上げが抜けて

いたことから、確定申告の時点で売上げの金額が少ないことに気づかなかったのか、などといった点も検討されました。

　事前通知があった後にデータの誤りに気づき、設定を正しいものに修正していると調査時点では当初どのように設定を誤っていたのかを確認することができず、当初の誤りが意図的であったか否かを確認することは困難です。

　しかし、この事例では、実際にデータの誤りがあったのは直近3年分だけで、3年前に取引先の締め日と入金日が変更されたことに伴いデータ設定を変更したとのことで、変更以前は誤りなく集計されており、問題ない状態でした。そのため、この変更の際に設定を誤ったものと推測されました。

　そのような経緯から、この事例における誤りは意図的なものではなかったと判断され、重加算税は課されませんでした。

　ご質問のようなケースに限らず、税務調査では意図的な数字の操作を行っていないかという点は、念入りに調べが行われます。日常的に集計数字を確認し直すなど、適切な管理を心がけるようにしましょう。

調査対応のポイント

① Excel等で売上げや経費を集計している場合には、計算式等の誤りがないか検算により確認するようにしましょう。

② 申告を行う前には念のため、12か月分の売上げが正しく集計されているか、年間の計数としておかしいところはないか、最後によくチェックするようにしましょう。

税理士としての対応のポイント

・　納税者が集計したデータだけでなく、原始資料の確認もした方がよいでしょう。

・　売上げの計上漏れが判明した場合には意図的であるか否かが問題とされます。納税者が意図していない場合には、調査官に対していかにしてそのことを説明するかが重要となります。

　　実際の事例としては、通帳や領収書などの数字を集計もせず、経費や売上げを過年度との見合いで適当な金額で記載し、確定申告書を提出していたケースがありました。

　　税務署側で所得金額を算定したところ、実際の所得金額と大きく異なっている年度があり、意図的な過少申告を疑われましたが、本件では過大申告となっている年度もあり、過少申告を意図していたわけではない旨を主張した結果、重加算税とはされませんでした。

　　事実、過少申告を意図していないのであれば、何かしらの根拠をもって説明できるようにすることが必要です。

CASE10　内装業　　反面調査　仮装隠蔽　重加算税なし

白紙の領収書に自分で数字を書き入れていたが重加算税とされないケース

　私は行きつけの居酒屋で店主と懇意になり、白紙の領収書をもらうようになっていました。

　領収書は束でもらっていたわけではなく、実際に飲食をして支払いをするたびに1枚ずつもらっていました。

　店主が自分で書くのが面倒で、「自分で書いていいよ」と言われ、白紙の領収書を店主から手渡されていたのです。

　私は白紙の領収書にその都度金額を記載していたわけではなく、確定申告時期に1年分の金額を数枚分まとめて記載していました。

　おおよその金額であったため、すべての領収書に同じ金額を記載しました。実際に飲食していても領収書に自分で数字を記載すると改ざんとされてしまうのでしょうか。

論点1　領収書の改ざんは重加算税となる

　国税の計算の基礎となる事実を隠蔽又は仮装して納税申告書の提出等をした場合には、重加算税の対象とされることがあります（通法68）。

したがって、ご質問のように領収書の数字を改ざんする行為は重加算税の対象とされてもおかしくありません。

　最近では印字されている領収書が増えてきたこともあり、1を9に書き換えるなどの行為は少なくなってきたように感じます。

　しかし税務調査の現場では、いまだにこうした領収書の改ざん行為を見かけることが多々あります。

　大量にある領収書のうち、数枚を書き換えたところで、どうせバレやしないだろうと甘く考えているケースが少なくありません。

　しかし実際のところそのような考えで調査官の眼を欺けることはまずありません。

　ほとんどの場合、それらの改ざんは見抜かれ、重加算税を課される結果となります。

論点2　反面調査が行われる可能性

　ご質問のケースでは白紙の領収書に自分で数字を書き換えていたとのことですが、金額がすべて一定であったり、複写式ではなかったりすれば自筆を疑われます。

　忙しい確定申告時期にまとめて記載する際に、面倒でつい同じ金額を書き入れてしまうことがあるかもしれません。

　記憶を頼りにおおよその金額を書いてしまったりするでしょう。

　当然、税務署からの指摘を受け、重加算税の対象となる可能性がある旨を告げられることになります。

　また、居酒屋の店主に対して反面調査が行われるかもしれません。

　税務署としては、飲食の事実がないにもかかわらず、適当なお店を記載し、領収書を改ざんしていたことを疑うかもしれません。

　反面調査の結果、実際にお店に通っていたことがわかれば、事実関係に基づいた調査が行われます。

論点3 　金額がわからないから虚偽とは言えない

　領収書が架空でないことは明らかとなっても、自分で金額を書き入れてしまっていた点は問題となります。

　お店側で領収書を発行した記録も残されていなければ、実際の飲食金額は不明のままとなります。

　飲食の事実があることが反面調査により明らかとなれば、当該費用については経費であり、記載金額が正確ではないものの、重加算税の対象となるほどの話ではない旨、主張することになるでしょう。

　実際にあった事例では、税務署側がこうした行為は領収書の改ざん行為に当たるため、重加算税の要件である仮装に該当するとの当初説明を受けた事例がありました。

　両者の話し合いはしばらく平行線でしたが、税務署側で審理した結果、重加算税には当たらない旨、最終的な判断が下されました。

　意外な結果と思われるかもしれませんが、そのような判断が下された一番の理由は「虚偽の証拠がない」ことでした。

　その事例では、反面調査により飲食があったことの事実が確認され、不正確ではあるもののお店の発行した領収書を使用していた事実も認められました。

　実際の飲食金額は不明だったのですが、当のお店側にも発行記録がなかったことから、納税者が記載した金額が誤っていることを証明する手立てがないと判断されたのです。

CHAPTER3　重加算税となるケース、ならないケース

納税者は調査官の聞き取りに対し、「おおよその金額を記載した」と回答していましたが、その金額が誤りであることを税務署側で立証できないことから重加算税とはされませんでした。

　不特定多数の来客がある飲食店では誰がいくら飲食したかなど、その証明は困難ですが、レジペーパーの控えや帳簿などが保存されていて、納税者の飲食代が明らかとなれば、重加算税が課されていた可能性が高い事例でした。

調査対応のポイント

　　白紙の領収書は受け取らず、面倒でもお店側に領収書に料金等、正しい明細を記載してもらうようにしましょう。

税理士としての対応のポイント

- ・　同じ店舗で同額の領収書が複数あるような場合には、事実確認をすべきです。
- ・　高額な領収書は詳細な確認が行われ、とりわけ注意を要します。実際にあったケースでは、納税者のスマートフォンで領収書に記載された電話番号を検索するよう求められたこともあります。数十万円もの高額な領収書でしたが明細の記載がなく、調査官の求めに応じて検索してみたところ、風俗店の領収書であることがわかりました。納税者は領収書があれば経費にできると考えていたようです。高額で詳細が不確かな領収書は調査でも重点的に調べられますので、詳細に確認しておくべきでしょう。

CASE11 機械修理業

仮装隠蔽 ／ 重加算税なし ／ 帳簿作成

毎年何の根拠もない数字を売上げ・経費として申告しているケース

　私は機械修理業を営んでおり、毎年妻が申告書を作成していました。

　私は領収書等の原始資料を保存していましたが、妻は資料を集計せずに売上げ、経費とも、大まかな数字を記載していたようで、申告において収支内訳書に記載された金額は、千円未満を切り捨てた丸い金額ですべて記載されていました。

　このような場合、何かを意図して申告したとみなされてしまうのでしょうか。

論点1　収支内訳書の数字の根拠

　税務調査では青色決算書や収支内訳書に記載した金額の計算根拠を必ず問われます。

　売上げや経費についてどのように集計したのか、領収書を合計しただけのものなのか、帳簿を作成したうえで集計したものか、支払調書に記載のある金額なのかなど、計算根拠を尋ねられます。

どのように集計したものであるかわかれば、記載金額の検証がしやすいからです。

　国税庁等の職員は、所得税等に関する調査について、必要があるときは、納税義務者等に質問し、その者の事業に関する帳簿書類等の提示若しくは提出を求めることができます（通法74の②）。

　個人事業の場合には帳簿を作成していないケースも多いですが、領収書を合計したなど、計算根拠が明らかであれば検証が正しく行えます。

　領収書の保管のみであるならば、領収書の金額を合計し、申告書の数字と合うかを確認すればよいのです。

　もっとも困るのは、計算根拠を示すことができないケースです。

論点2　根拠のない数字を申告していたケース

　税務調査を受ける事例には、納税者の妻が確定申告書を作成し、通帳や領収書などを何一つ確認せず、集計も行わず、無根拠に適当な数字を記載して申告しているようなケースが少なくありません。

　税務調査の際には必ず記載した数字の根拠を問われます。こうした場合、納税者は具体的な数字を集計していたわけでもなく、感覚的に把握している数字を大雑把に記載したとしか答えられないでしょう。

　実際にあったケースでは、納税者である夫は遠方への出張が多く、月に1、2回程度しか自宅に帰ってこれない状況で、妻もパートをしていたことから、申告書作成に十分な時間が取れない状態でした。そのため、納税者の妻が売上げと経費の両方について、おおよその金額で申告してしまっていました。

　納税者の妻は事業用の口座も管理しており、入出金の金額もおおよそ

は把握していたため、年間の売上げ、経費について、感覚的には把握していたのです。

その事例では、売上げは銀行口座に月1回振り込まれる単純な形態で、集計も簡単で概算の数字は把握していたため、千円以下を切り捨てた丸い数字で申告していました。経費も同様に、千円以下を切り捨てた数字を記載していました。

確定申告における収支内訳書に記載された数字もすべて端数のない丸い数字であったことから記載の信憑性を疑われ、税務調査を受けたようです。

記載された数字は根拠のない数字であったものの、納税者の妻に税負担を軽減する意図はないようでした。

実際、売上げや経費を再集計してみたところ、実際の金額との誤差はさほど大きくありませんでした。

ただ、毎年わずかではありましたが、所得が少なく申告されていたことについて、税務署から指摘を受けました。

税負担を軽減する意図がないのであれば、適当な数字で申告をしていた場合、過大申告となる年もあったはずなのに、すべての年度で過少申告であったのはおかしいとの指摘でした。

しかし、実際金額との差額は少額だったこともあり、税務署側もそれ以上厳しく追及してくることはありませんでした。

結果、この事例では意図的な過少申告とはされず、重加算税は課されませんでした。

原始資料の保存がなされていたことに加え、調査の結果を受けた時点においても消費税の免税事業者である点は変わらなかったことが影響したのかもしれません。

ご質問のようなケースでも、恣意性を疑われる可能性は高く、程度に

もよりますが、過少申告ばかりであれば重加算税を課される懸念がある
でしょう。

調査対応のポイント

① 確定申告書等に記載した数字の計算根拠は必ず問われます。
原始資料や作成帳簿などの資料は必ず保存しておきましょう。

② 確定申告書の作成方法がわからない、作成する時間が取れ
ないといった場合には、税理士に依頼することを検討すべき
です。いい加減な申告をすると税務調査で後々大変な苦労を
することになりかねません。

税理士としての対応のポイント

・ 税務調査に立ち会う際は、帳簿の有無等に加え、確定申告書を
誰がどのように作成していたのかよく確認すべきです。

・ 税務調査では申告書に記載した売上金額や必要経費について根
拠を問われます。根拠のない数字を記載している場合には、意図
的な過少申告を疑われることもあります。

そのような事実が判明した場合には、調査日前にできるだけ速
やかに事実に基づいた修正申告書を提出することを検討すべきで
す。

CASE12

フリー
ライター

支払
調書

恣意性
なし

支払調書が届いたものだけを売上げとして申告しているケース

> フリーライターである私は取引先から支払調書を毎年受け取っており、申告の際、売上げについては支払調書の数字に基づいて申告していました。
>
> 支払調書が届かない取引先も多数ありましたが、支払調書があるものだけを申告するようにしていました。
>
> 支払調査は取引先が作成するもので、金額に間違いはないと思いますが、支払調書の金額のみで申告していると問題となることがあるのでしょうか。

論点 1　支払調書の必要性

確定申告の時期になると、支払調書が送付されてくることがあります。

調書の発行元となる報酬等の支払者側も、個人事業者などから支払調書の発行を督促されることもあるでしょう。

発行者側で法定調書合計表を作成する際に支払調書も作成し、本人あてに渡すことが慣例となっています。

この支払調書に基づいて確定申告する個人事業者は非常に多いようで

す。

　支払調書は支払者側が作成・発行するもので信憑性も高く、税務調査においても支払調書に記載された金額に基づいた売上げが計上されている場合には、仮に金額が発生主義や現金主義の関係で違っていても、深く追及されることは少ないものです。

　しかし支払調書そのものは、確定申告手続きにおいて参考とされる原始資料に過ぎず、確定申告に不可欠な資料というわけではありません。

　支払調書がないと確定申告ができないと考えている人も多いようですが、申告書に記載すべき売上金額は、たとえ支払調書がなくとも自身で集計し、計算する必要があります。

　実際に税務調査を受けたケースでは、受け取った支払調書に記載された金額で申告したところ、誤りを指摘されました。

　この支払調書が発生主義で作成されていなかったため、毎年わずかながら売上げの期ズレが生じていたのです。

　しかし、支払調書の金額を毎年そのまま記載して、同じように申告していたことから大きな問題とはされず、支払調書の金額のままでよいとされました。

　本来、売上げは発生主義で計上する必要がありますが、支払調書が現金主義で作成されていれば、期ズレが発生します。

　売上げが1,000万円前後である場合、期ズレの状況によっては消費税の課税事業者の判定にも影響してきます。

　免税事業者だと思っていたところが、実際は課税事業者に該当し、消費税が無申告となってしまっていたということも起こりえます。

論点2　支払調書があるものだけを申告していた事例

　さて、ご質問のようなケースでは、支払調書が発行されなかった部分の売上げの計上が漏れていることを指摘されることとなります。

　意図的に支払調書のあるものだけを申告し、それ以外の売上げを除外して申告していたのであれば、重加算税の対象とされる可能性もあります。

　実際にあった事例では、フリーで活動し、不特定多数の取引先から仕事を受注しているデザイナーが、確定申告に際して支払調書は必須であると思い込んでいたことから、支払調書が送られてきたものだけを売上げとして申告していました。

　過去に税理士である友人に申告の相談をした際に、支払調書の金額をもとに計算すればよいと聞いたことから、支払調書のあるものだけを申告すればよいものと誤解してしまっていたのです。

　実際の売上げは総額で1,400万円近くあったのですが、受け取った支払調書の合計額は900万円分しかなかったため、900万円を売上げとして申告していたのです。

　税務調査では、500万円と高額な差額が問題視され、支払調書がないとはいえ、自身の売上金額は把握していることが考えられたため、減額が意図的であることを疑われました。

　支払調書の合計金額900万円が、消費税の納税義務が生じる1,000万円をぎりぎり下回る金額であったことも、疑いを深める一因となりました。

　しかし、納税者への事前の聞き取りによると、納税者は自身で請求書を作成しており、入金管理もしていたため、売上金額は容易に把握できる状況にあり、確定申告は支払調書があるものだけすればよいと完全に

思い込んでいたようにも感じられました。

　結果的に、この事例は重加算税の対象とはされませんでした。

　その理由としては、

・直近年度のみならず、過去のすべての確定申告時においても支払調書に記載された金額の合計額のみで申告していた。

・意図的に売上げを除外するケースでは、売上げを下げるとともに経費も減額して調整を行っているケースがあるが、そのような操作は見られなかった。

・税務調査の際に支払調書のない売上げの請求書等の原始資料を隠し立てすることなく提示していた。

といったことが考えられます。

　売上げを意図的に減額している場合、バランスを考えて経費も減額する等の調整が同時に行われているケースが多いのですが、そのような事実も認められず、特定の年だけでなく過去すべての年で同じように申告していたことなどから、隠蔽の意図はないと判断され、恣意性があるとはみなされなかったのでしょう。

　税務調査の際に資料を隠さず提示したことも、純粋に不理解に基づく勘違いや思い誤りであると判断された要因と考えられます。

　金額の差異は大きかったものの、上述した事情から、意図的であったとは判断されず、重加算税の対象とはされませんでした。

　無論のこと、修正申告は必要となり、過少申告加算税が課され、消費税については無申告であったため、無申告加算税が課されることとなりました。

　もちろん、常にこのような判断が下されるとは限りませんし、法令の規定を正しく理解し、平素より適切な納税を心がけることが肝要です。

調査対応のポイント

① 支払調書は確定申告に必須というわけではありません。

② 支払調書の金額が誤っていることもあるため、売上金額の計算は自身の集計に基づき行うなど、注意が必要です。

③ 支払調書に頼るのではなく、自身で帳簿等を作成し、売上げを日常的に管理することが肝要です。

税理士としての対応のポイント

・ 納税者が支払調書にのみ基づいて申告したのであれば、売上げの計上漏れが発生している可能性があります。売上げの計上漏れは最も厳しくチェックされるため、計上漏れとなった事情をよく説明できるように指導しておく必要があります。

・ マイナンバーを提供した取引先との取引だけを申告すればよいものと思い込んでいる納税者もたまに見かけます。税務調査を円滑に進めるためにも、納税者の誤った認識を糺すことが必要です。納税者が長年誤った認識に基づき申告している場合、なかなか理解してもらえないかもしれませんが、納得のいく形で税務調査を終えるためにも正しく理解してもらうように説明すべきです。

特殊な事情があって無申告となっていたケース

　私は事業が上手く立ち行かなくなり、弁護士に自己破産の申請を依頼しましたが、依頼後しばらくして弁護士と連絡が取れなくなり、自己破産の申請手続きが止まった状態となってしまいました。

　調べてみたところ、申請手続きを依頼していた弁護士の事務所が移転したようで、移転後の連絡先を弁護士会等に照会して確認している最中に、税務調査を受けることになりました。

　事情があって無申告となってしまっていた場合には、税務調査では考慮してもらえるのでしょうか。

論点1　税務調査中などの確定申告の義務

　個人事業者に対する税務調査は7月頃に着手し、年内で終了するケースが多いです。

　税務署側も越年を避けたいと考えているようで、年末間近となると調査を終わらせるため、連絡が頻繁に来るようになります。

　しかし、資料が用意できていない、資料が多量で確認が終わらない、税務判断の結論が出ないなど、理由はさまざまですが、確定申告が本格

的に始まる 2 月中旬になっても調査が終わらないケースも中にはあります。

　確定申告時期になると税務署側も繁忙を極め、税務調査がいったん中断されるケースもあります。

　実際に、 2 月15日から 3 月末までは調査事務が進められないとして、税務署サイドから調査をいったん中断して 4 月から再開させてほしいと告げられたことも何度かあります。

　このようなケースで注意が必要なのは、税務調査が中断されたとしても、確定申告書は期限までの提出が必要だということです。

　所得税の確定申告は、毎年 1 月 1 日から12月31日までの 1 年間に生じた所得の金額とそれに対する所得税の額を計算し、原則としてその年の翌年 2 月16日から 3 月15日の間に納税地の所轄税務署に申告書を提出することとされています。

　その年分の所得金額の合計額が所得控除の合計額を超える場合には、原則として確定申告書の提出が必要となります。

　たとえば令和元年の確定申告期に重なる形で平成30年以前分の申告に係る税務調査が継続した場合、仮に申告期間中に調査が中断されたとしても、令和元年分の所得に係る確定申告は、通常どおり令和 2 年の 3 月16日までの提出が必要となります。

　税務調査が終わらなければ次の確定申告書を提出することはできないと勘違いされている納税者も多く、注意が必要です。

CHAPTER 3　重加算税となるケース、ならないケース

論点2　確定申告を妨げる事情

　ご質問のケースでは弁護士に自己破産の申請を依頼していたところ、弁護士から確定申告書の提出を待つように言われていたとのことですが、

仮に弁護士からの指示であったとすれば、法律の専門家からそのような指示を受ければ一般的には従わざるを得ないと考えられます。

これがもし、本人の意思によるものであったとされた場合、納税を免れる行為と判断されて、重加算税の対象とされる可能性もあります。

通常は、こうした事情を勘案した判断が下されるものと考えられますが、客観的に経緯事実を説明できる証拠資料を備えておくとよいでしょう。

論点3　無申告の状況が本人の意見によるものか

同様のケースで、弁護士から、自己破産の申請書類等の作成の都合により、未納税額等を現状から増やさないようにしてほしいとの要請があり、確定申告書を提出しないよう指示されていたケースがありました。

納税者自身は確定申告を行う予定で備えており、原始資料などもすべて保存していましたが、弁護士から待つよう指示があったため、申告せずにいたのです。

相談料の支払も一部済んでいましたが、ある時期からその弁護士とまったく連絡が取れなくなってしまい、自己破産の手続きがどこまで進んでいるのかもわからない状況となりました。

そのような状況下、税務署から無申告の状況について税務調査を行う旨、納税者に連絡がありました。

納税者は無申告である事実を認めたうえで、経緯を税務署側に説明しました。

本当に弁護士に依頼していたのかという点に加え、無申告の状況を現出したことは本人の意思によるものか、弁護士からの指示によるものか、という点が問題とされました。

　この事例では弁護士とのやり取りは主として電話で行われており、納税者の手許には証拠記録となる資料の備えがありませんでした。

　しかし幸いなことに、何度か弁護士会に対し自己破産申請手続きを依頼していた弁護士に係る照会を行った際に弁護士会から発行された回答書が保存されていました。

　その回答書面には、自己破産手続きに要する費用が当該弁護士宛に振り込まれているものの、手続き自体が滞り、そのお金が宙に浮いてしまっており、自己破産の手続きがいまだ完了していない旨が記されていました。

　この書面の存在により、実際に当該弁護士を通じ、自己破産の申請をしようとしていたことが事実であることが証明されました。

　原始資料がほぼ完全に保存されており、かつ整然と整理されていたことも確定申告をする意思があったと認められ、無申告であった期間の期限後申告書の提出と無申告加算税が課される形で調査を終えることとなり、重加算税が課されることはありませんでした。

　ご質問のようなケースでも、経緯事実に基づく確認が行われ、最終判断が下されるものと考えられます。

調査対応のポイント

①　やむを得ない状況であっても、確定申告の要否については税務署や税理士などに必ず相談するようにしましょう。
②　弁護士等に限らず、関連する者とのやり取りは、可能な限り記録資料として残る形で保存しておくべきです。

税理士としての対応のポイント

・　納税者が無申告である場合には、無申告であった理由や経緯を納税者からよく確認しておくべきです。無申告者の調査についてはまず納税義務を有していたか否かが確認されます。納税義務を有していたにもかかわらず無申告であった場合でも、やむを得ない事情があったのであれば、その旨、税務署側に説明する必要があります。無申告であった理由について、課税逃れが理由であれば厳しい処分が下されますが、きちんとした理由があるのであればしっかりと説明できるように指導しなければいけません。

　　実際にあったケースでは、父親を介護していた納税者は母親の介護まで必要となり、相当な負担となっていたところに加え、妻が脳卒中で倒れ、軽度ながら障がいが残る状況で、確定申告などしていられない状況となり、このような状態が数年続き、無申告となっていたケースがありました。こうした状況を税務署側に説明したところ、理解を得られたこともあります。

CASE14　清掃業

恣意性なし　所得区分　譲渡所得

事業所得は申告していたものの、受け取っていない共有名義の財産の譲渡所得が申告漏れとなっているケース

　私は清掃業を営んでおり、自分で会計ソフトを使用して青色申告により、確定申告書を提出していました。

　事業所得については問題なく申告していたのですが、代金を受領していない共有名義の財産を売却していたことを失念しており、譲渡所得が申告漏れとなっていることを税務調査で指摘されました。

　譲渡代金を受領していなくても申告が必要なのでしょうか。

　また譲渡代金のやりとりがないのに調査で指摘されることがあるのでしょうか。

論点1　事業所得の申告のみ

　確定申告は、原則としてすべての所得について申告を行う必要があります。

　事業を営むことにより稼得した事業所得、株式等の投資による所得があれば配当・利子、譲渡所得、副業を営んだことによる雑所得など、そ

れぞれの所得の種類に応じた申告を行う必要があります。

　しかし、事業を行っている納税者の中には、事業所得のみを申告すればよいと勘違いしているケースが散見されます。

　年の途中で脱サラして開業した場合などに、開業後に得た事業所得のみを申告し、開業以前に受け取っていた給与所得を申告に含めることを忘れているケースは少なくありません。

　個人事業者から確定申告の相談を受けた際に、依頼を受けた所得以外の所得がないか確認してみると、何かしらの他の所得を得ているケースも増えてきました。

　非課税となる所得や申告不要とされる所得であれば良いのですが、単純に申告漏れとなってしまうケースが多いため、注意が必要です。

論点2　申告の要否と課税の有無

　ご質問のような場合には、共有持ち分の土地の譲渡に伴う譲渡所得について、税務調査で指摘を受けたうえで、課税されることとなるでしょう。

　申告の要否については、知らされないままに共有持ち分の土地が譲渡されていることから、税務調査における指摘後に修正申告を行う必要があります。

　しかし事前にその事実を知っていた場合には、譲渡代金を受け取っていなかったとしても、申告義務は生じており、申告を行わねばなりません。もし、意図的に申告を怠り、所得隠しを行ったと判断されれば、重加算税の対象となる可能性も生じるため、注意が必要です。

論点3　事前に譲渡の事実を把握

　実際の事例では、ある時、税務調査を受け、納税者が営む事業に係る事業所得について調査が進んだものの、さしたる問題は見つかりませんでした。

　売上金額の入力ミスがあった程度で、計上経費についても特に問題視される点もなく、このまま調査が終わるかと思われたところで、突然、調査官から「土地の譲渡所得がありますよね」と指摘されました。

　調査官の指摘によると、納税者は共有名義の土地を譲渡したことによる譲渡所得があるはずとのことでした。

　実際のところ、土地の共有名義人である妹が主導し、土地の譲渡手続きを行っていました。

　納税者は妹から依頼された書類関係の手続きをしましたが、譲渡の詳しい内容も知らされず、譲渡代金も受け取っていなかったため、申告を要するとは思いもよりませんでした。

　税務署は事前に登記情報等を確認済みで、譲渡の事実を把握していましたので、臨場前からその事実を知っていたようでした。

　しかし、税務調査を通じて通帳を確認してみても譲渡代金の受け取りが確認できなかったため、「譲渡所得がありますよね」と、口頭による確認という手段に出たようです。

　税務調査の結果、この譲渡による納税者の持ち分となる土地部分に係る譲渡所得について、課税されることとなりました。

　譲渡代金の授受については兄妹間における問題であることから、税務署もそこまでは介入、追及してくることはありませんでした。

　しかし、納税者にもそもそもの土地の持ち分があるため、持ち分に応じた譲渡所得について課税対象とされたのです。

後日、納税者は税務調査による課税の事実を妹に伝え、譲渡代金を清算してもらうことで納税を済ませることができました。

　妹がすぐに清算に応じてくれたこともあり、大きな問題とはなりませんでしたが、そもそも税務調査が入らなければ譲渡代金は清算されないままであったかもしれません。

　この事例では土地の譲渡が妹の単独による主導で行われていたこと、譲渡代金を受け取っていなかった等の事実から、納税者の意図的な所得隠しと判断されることはありませんでしたが、譲渡の事実を知りながら申告を怠っていたことが意図的であると判断されれば厳しい処分となっていたでしょう。

調査対応のポイント

① 意図せぬ申告漏れとならぬよう、所得を生じる可能性のある事象をよく確認しましょう。

② 代金を受け取っていない場合でも、申告すべき所得を生じたとみなされる事象があります。

税理士としての対応のポイント

・　個人事業者に対する税務調査では、事業所得のみならず、それ以外の所得についても入念に調べられます。近年ではインターネットを利用して本業以外でも収入を得ているケースが増えており、税務調査の際に本業以外の収入が判明することも少なくありませ

ん。納税者から調査の立ち会いを求められた場合には、事前に本業による事業所得以外の所得の有無について確認しておく必要があるでしょう。本例のように入金がないため納税者も所得が発生していることを自覚していないケースも中にはありますが、事業所得以外の所得がないかなど、納税者に対する聞き取りを行うほか、資金の流れなどに注意を払うべきでしょう。

・ 実際の事例では、本業とは別にヤフオク！を利用して所得を得ているケースがありました。当初は日用不用品を売却するだけの取引であったようですが、徐々に取引量が増え、仕入れまで行うようになっていたのです。日用不用品を売却する程度であれば生活用動産の譲渡とみなされ非課税とされたでしょうが、仕入れ販売を行っていたことから課税対象とされ、申告漏れを指摘されました。

納税者本人が所得を把握できていなかったり、申告すべき所得であることを認識していなかったりするケースもあるため、すべての所得を確認するように指導しておくべきです。

離婚した妻が作成した申告書について多額の売上げの計上漏れが見つかったが妻本人に確認できないケース

　私はアンカーエを営んでいますが自分で確定申告書を作成する時間が取れなかったため、離婚するまでは元妻に申告書の作成を任せていました。

　元妻が確定申告書を提出していた事実は私も認識していたものの、申告内容についてはまったく把握していませんでした。

　元妻と離婚後は、私の妹が元妻の作成方法を参考にしながら申告書を作成していたところ、税務調査を受け、申告書に記載された売上げや経費などの数字が虚偽であることが判明しました。

　申告書の内容が事実と大きく異なっていたのですが、作成した元妻と連絡がとれない場合はどのような扱いになるのでしょうか。

論点 1 　配偶者が確定申告書を提出

　確定申告の時期になると税務署等で相談会などが実施されます。

　税理士も相談員として、各会場で相談を受けますが、納税者本人ではなく配偶者が相談にくるケースをよく見受けます。

　実務上は、配偶者が相談にきても資料等がそろっていればその場で申告書を作成し、提出することを許容しているケースもあるようです。

　問題となるのは、納税者の配偶者自身が確定申告書を作成しているケースです。

　税理士は税務に関する専門家として他人の求めに応じ、租税に関して、次に掲げる事務を行うことができることとされています。

・税務代理

・税務書類の作成

・税務相談

　税理士法では税理士又は税理士法人でない者は、この法律に別段の定めがある場合を除くほか、税理士業務を行ってはならないと規定し、税理士又は税理士法人でない者が、原則として税理士業務を行うことを禁止しています。

　したがって、納税者本人や税理士以外の者が申告書を作成することはできないこととされていますが、個人事業者である夫が自分で申告書を作成する時間的余裕などがないことから、妻に作成してもらっているケースは非常に多く、実際実務の現場では、そこまで厳密に取り扱われていないようにも感じられます。

　実際、税務調査の現場でも、確定申告書を作成したのが誰であるかは必ず質問されますが、納税者本人でなく妻が作成した旨を伝えても、税理士法に問われたというケースはあまり耳にしません。

　申告書の作成は厳密には納税者本人かあるいは税理士の作成によらねばなりません が、提出は納税者の配偶者が代理で行うことも可能です。

　納税者本人が押印した申告書を、納税者に代わり妻が提出することも

少なくありません。

論点2 意図的な過少申告であるかどうか

　上述したとおり、税務調査では誰が確定申告書を作成したかを必ず問われます。

　税理士法云々の問題というより、売上げや経費をどのように集計したのか、作成した本人に確認する必要があるからです。

　納税者本人が作成しているのであれば当人に確認すれば済みますが、そうでない場合には、申告書を作成した本人に確認しないとわからないことが多々あります。

　ご質問のようなケースでは、離婚した元妻が申告書を作成していたとのことですが、申告内容が正しければさほど問題とされなかったかもしれません。

　しかし、たとえば2,000万円超もある実際の売上げが、900万円程度で申告されていたとすれば問題です。

　売上げのみならず、経費も減額して調整したうえで申告されていることを疑われます。

　提出した確定申告書と原始資料の状況を精査した結果、税負担を減らす、すなわち過少申告を意図したとみなされれば重加算税は免れ得ないでしょう。

　通常であれば過去5年間を対象とした調査が行われますが、意図的な過少申告であると認められた場合、過去7年間まで遡って調査対象期間とされることもあり、相当の税負担が発生することは避けられないと考えられます。

論点3 離婚した妻が作成した申告書に誤りがあったケース

　類似した実際のケースでは、税務調査があった時点で納税者が妻と離婚してから3年以上経過していたため、当時申告書を作成していた妻と連絡を取ることはたいへん困難な状況にありました。

　離婚後は納税者の弟が確定申告書を作成していました。

　納税者自身は過去の申告書の内容を把握していなかったため、申告書の控えを弟に渡していただけで、弟は過去の申告書を参考にして申告書を作成していました。

　弟も、事業内容や入出金の額が毎年さほど変わっていなかったことから、過去に提出した申告書を真似て同じような金額を記載した申告書を出していたようです。

　税務署から弟に対しても聞き取りが行われましたが、過去の申告書を参考に作成したとしか答えられませんでした。

　納税者自身は離婚した妻が確定申告書を提出していた事実は知っていたものの、その内容まではまったく把握していなかったため、売上げや経費をどのように集計していたかは知りませんでした。

　経費が実際より少なく申告されていた点について、実際のところ、妻が領収書の一部を経費には該当しないと判断して誤って削ってしまった可能性も考えられました。

　したがって、経費を意図的に削っていたかという点は、申告書を作成した当人である離婚した妻に確認するより以外、方法がない状況でした。

　請求書や銀行口座の記帳記録と突き合わせた結果、売上げについても半分程度の数字で申告されていたものの、どのような理由でそのように記載したのかはわかりませんでした。

　実際によくある話ですが、納税者が毎月手渡しで生活費を妻に渡すな

どしている場合、妻が手渡された金額だけを売上げとして計上している
ケースがあります。

　この事例でもそのような可能性が考えられましたが、当時、銀行口座
の記帳管理は妻が行っていたため、その可能性は消えました。

　結果的に、どのような意図を持って当該申告書が作成されたのか、な
ぜ売上げや経費が事実と大きく異なるのか明らかにはならなかったこと
から、このケースでは重加算税とはされず、調査期間も5年とされまし
た。

　しかし、ご質問のようなケースも含め、作成当事者に対する聴取が適
正に行われた場合、重加算税が課されるとともに、調査期間も延びる可
能性は高いと考えるべきでしょう。

調査対応のポイント

① 誰がどのように確定申告書を作成したかを明らかにできる
　　よう、記録などを残しておくとよいでしょう。
② 配偶者などに申告書の作成をお願いした場合でも、納税者
　　本人による申告内容の確認を行いましょう。
③ 申告書の記載金額などの計算根拠は残しておくべきです。

税理士としての対応のポイント

・　税理士が申告書を作成した場合などは、納税者から預かった帳
　簿や資料などは必ず返却しましょう。作成した帳簿を納税者に渡
　していないケースを見受けますが、関与がなくなってから納税者

が税務調査を受けた場合に過去の申告書の作成について説明することが難しくなってしまいます。

・　税務調査を受けるのは申告書を作成、提出してから数年後となる可能性もあります。調査を受ければ当時の事務処理について問われることとなります。どのように申告書を作成していたか説明できるように指導しておかなければいけません。

　とりわけ特殊な処理をした場合などは、記録を残しておいた方がよいでしょう。税理士としての関与がなくなってから税務調査を受けるケースもありえます。

　納税者が後々困ることがないよう、必要な帳簿や資料を納税者に渡しておきましょう。

虚偽の回答をしたと判断されて重加算税の対象となるケース

　私は解体業により生計を立てていますが、確定申告書を妻に作成してもらっていました。

　税務調査での調査官の質問に対し、妻が通帳の記帳記録を見ながら電卓で売上げを計算していたと回答しました。

　しかし、調査官が通帳を確認したところ、実際には通帳はしばらく記帳していなかったため合算で記帳されており、明細が確認できない状況でした。

　さらに、調査で判明した実際の売上げと申告書に記載された数字に大きなかい離がみられました。

　税務署の質問に対して信憑性を疑われる回答をしてしまった場合は何か問題となるのでしょうか。

論点1　税務調査に対する回答

　税務調査が始まると、調査官が来場し、調査に立ち会う過程で調査官からさまざまなことを質問されます。

　税務調査は調査官の質問に対する納税者の回答により進展します。

おおよその場合、最初は納税者本人に対する事業概況等の聞き取りから始まり、申告書の作成方法や資料の保管状況、日々の帳簿作成状況など経理に係る事情の他、生活費や家族状況といった事柄まで、質問内容は多岐にわたります。

調査官も組織内部で上司から質問された際に答えられるようにするためか、かなり細かいところまで質問してくることもあり、調査に関係しないと考えられる質問をしてくることもあります。

これらの質問に対し、原則としては聞かれたことについて回答する必要がありますが、明らかに税務調査と無関係と思われる質問に対しては回答しなくても問題ありません。

ただし、調査に必要な事項については回答する必要がありますので、注意が必要です。

国税庁や税務署の職員には所得税や消費税に関する調査について必要があるときは納税義務者等に対して質問をし、事業に関する帳簿書類等を検査し、その物件の提示若しくは提出を求めることができることとされています。

納税者が税務職員からの質問に回答しなかったり物件の提示等を拒否、虚偽の帳簿等を提示した場合には、1年以下の懲役又は50万円以下の罰金に処することとされています。

税務調査では過去何年も遡った調査が行われますので、中には納税者の記憶もおぼろげで即答できない質問を受けることもあります。

即答できない場合はその場でいい加減な回答をせず、きちんと調べたうえで、後日回答する形で問題ありません。

税務調査における質問には必ずその場で回答しなければいけないというわけではありません。

論点 2 虚偽の回答をしたケース

　ある事例では、税務調査の連絡を受けて気が動転した納税者が、質問に対して事実と異なる回答をしてしまいました。

　税務調査の事前通知の後に「売上げは振込みだけでしょうか？」と尋ねられたことに対し、実際は振込みだけであったのに「現金だけです」と回答してしまったのです。

　本人もなぜこのように回答したのかハッキリ覚えていないとのことでしたが、気が動転し、思わず現金だけだと答えてしまったそうです。

　後日よく確認しなおしたところ、咄嗟の質問で気が動転し、売上げを小切手や手形で回収しているのか問われたものと勘違いしてしまっていたようでした。

　この事例では実際には振込みによる入金だけであったため、質問に対して事実と異なる回答をした点について、大きな問題とはされませんでした。

　ご質問のケースでは、納税者の妻が確定申告書を作成し、調査官から申告書に記載された数字について質問された際に、売上げの収受方法は振込みだけであったため、通帳の金額を見ながら集計したと回答したとのことですが、通帳が合算で記帳されていれば、売上げの明細が確認できない期間が生じている恐れがあります。

　通帳記帳は一定期間行わずにいると、まとめて記帳されてしまうため、入金の明細を確認することが難しくなります。

　半年近くの期間についてまとめて一括記帳されていたりすれば、売上げの入金額を正確に確認することはできませんし、どうやって売上げを判別して集計したのか問い詰められることになるでしょう。

　税務署側にしてみれば、合算記帳となっているのでは、通帳を見ながら売上げの集計を行うことはできないわけですから、実際には意図的に過少申告をしたのではないかと疑うのは当然の成り行きです。

　このような場合、取引先から送付される支払明細書を確認して売上げを集計することも可能ですが、支払明細書が保存されていなければ、売上金額を計算するには通帳に頼るしか方法がありません。

　その頼みの通帳が合算記帳となっていれば、「通帳を見て売上げを集計した」という回答の信憑性が疑われることとなります。

論点3　計算間違いが過少申告ばかりであった

　また、このようなケースで、過去5年間の調査対象期間のすべての年度で大きな金額誤差があるような場合には、さらに厳しく調べられることとなります。

　単純な計算の誤りは誰にでもあり得ることですが、数百万円もの金額を毎年間違えることは通常あり得ません。

　また、経費についてはさほど大きな誤りもなく計上されているのに、売上げについてのみ数百万円もの計算間違いがあるといった状況で、その誤りもすべて過少申告となるような類の誤りであったとすれば、意図的であることを疑われます。

　本当に計算間違いをしていたのであれば、売上げが過大申告となった年もあり得るはずです。

　こうしたケースでは、何かしらの意図があって過少申告とされていた可能性が高いと判断され、重加算税が課されることとなるでしょう。

① 調査官の質問に対し、事実と異なる回答はしないようにしましょう。

② 税務署側の判断に納得がいかない場合には、自分の意見をしっかり主張すべきです。

税理士としての対応のポイント

・ 納税者の話に矛盾や不審な点がないか事前に聞き取りを行い、事実を述べるように指示しておきましょう。

・ 税務署側の質問に対する回答の辻褄が合わなければ、その点をよく確認されることとなります。事実関係が不明な場合には、納税者によく確認し、検討したうえで回答するようにすべきです。

・ 質問に対する回答が曖昧な場合には、質問応答記録書を作成されることがあります。質問応答記録書は税務署側の質問に対する納税者側の回答を記録するものであり、互いの認識を一致させるための記録書です。

CASE17　飲食業　事前通知　当局対応

二重帳簿を作成しているケース

　私は夫婦で飲食店を営んでいますが、帳簿は妻が作成していました。

　伝票などの原始資料はしっかり保存してあり、毎日の売上金額もExcel で管理していましたが、妻が確定申告の際にこのExcel データを複製し、一定額の売上げを除くなどして、別のデータを作成していました。

　確定申告の基礎となる会計処理を、この加工したデータをもとにしていましたが、税務調査ではどのような取扱いとなるのでしょうか。

論点 1　帳簿の作成

　個人事業者の場合、税理士に依頼せず、ご自身で確定申告書を作成しているケースは少なくありません。

　自ら作成した簡易な集計表を相談会場に持参して、指導を受けつつ申告書を作成し、その場で提出しているケースもあります。

　税理士が関与していないケースでは正規の帳簿を作成していることは稀です。

作成したとしても、会計ソフト等を使用せず、Excel等で簡易集計したものが多いようです。

　こうした自力で確定申告を行う個人事業者の中には、複式簿記をつけていないのに65万円の青色申告特別控除を受けているケースがあります。

　平成26年以降は白色申告の場合であっても帳簿の作成と保存が義務づけられましたが、税務調査ではそこまで厳密に指摘されることはないようで、帳簿の作成と保存をしていなかっただけで罰則が課されることはあまりありません。

　罰則がないとしても、申告内容の信頼性を高め、適切な申告納税をするために、帳簿の作成と保存はしておくべきです。

　帳簿の作成と保存は消費税の仕入税額控除の適用要件となっていますが、所得税の調査に関しては売上げ、経費の計算根拠がわかりさえすればよく、帳簿の体裁について細かく指摘を受けることはほとんどありません。

　より健全な事業の発展を目指すのであれば、特典の多い青色申告の選択も積極的に検討すべきですし、適切な申告納税を行うためには帳簿の作成と保存は必須と考えるべきです。

論点2　どのような理由でデータを加工していたのか

　ご質問のケースでは、奥様がどのような意図で実際の売上げとは異なる会計データを作成していたのかわかりませんが、もし税負担を軽減したいとの動機からそのような加工を行っていたことが税務調査で判明すれば、重加算税が課される可能性が高いといえるでしょう。

　このようなケースで税務調査の事前通知があった場合には、税務調査において調査官に対して正直に事実を伝えることが肝要ですし、必要が

あれば税務調査の臨場前に修正申告を行うことも検討するとよいでしょう。

　実際のデータと加工したデータがある場合にはどのような意図で加工したデータであるかを説明できるようにしておくべきです。

論点3　二重帳簿を作成していた事例

　上述したとおり、個人事業主が自身で正規の帳簿を作成していることは稀であるばかりか、二重帳簿を作成していることもあるようです。

　実際にあった事例では、ネイルサロンを営み、毎日の予約表等もしっかり保存し、日々の売上げもExcelに記入して管理していた納税者が、このExcelの元データを複製し、売上げを減額した別のデータファイルを作成していた事例がありました。

　売上げについてはこのExcelによる集計表を確認すればすぐに計算できる状態で、このデータをもとに会計ソフトに入力し、帳簿を作成していました。

　この納税者は一律に一定額を控除していた訳ではなく、適当な日付の売上金額をなかったものとしていました。

　そして、確定申告においては、この減額加工したExcel集計表に基づく帳簿を作成し、毎年およそ500万円から700万円程度の売上げを減額し、申告書を提出していたのです。

　税務調査の事前通知を受けた納税者から相談があり、ヒアリングを行ったところ、納税者は当初申告の内容について誤りを認めて深く反省している様子で、せめて調査官の臨場前に正しい修正申告書を提出しておきたいとのことでした。

　幸いなことに、納税者は実際の売上金額と減額した売上金額の両方の

Excelデータを保存していたため、減額の状況も直ちに把握でき、正しい申告書を速やかに作成し、修正申告することができました。

　すると、調査官の臨場前に正しい数字で修正申告書を提出したためか、重加算税ではなく過少申告加算税が課されることとなりました。

　税務調査の前に修正申告書を提出した場合には、調査官からはその理由を必ず尋ねられます。

　修正前とどう異なるのか、なぜ異っているのか、調査官を納得させられる説明をする必要があります。

　この事例では、納税者は意図的な過少申告をしていた事実を調査官に対して正直に告げました。

　その反省に基づき、税務調査前に自主的な修正申告書を提出したことを真摯に説明したことで、納税者が真剣に反省していることを理解してもらえたものと考えられます。

調査対応のポイント

①　二重帳簿の作成は重加算税の対象となるため、絶対に避けましょう。納税による負担は、最初から適正な申告を行うことで、結果的に最少となることを肝に銘じるべきでしょう。

②　もし意図的な過少申告をしてしまっている場合には、直ちに修正申告し、下手な言い訳をせず、事実を正直に告げた方がよいでしょう。

税理士としての対応のポイント

・　納税者から税務調査対応の依頼を受けた場合には、当初申告についてどのように申告書を作成していたのか、入念な聞き取りを行う必要があります。

　　偽りその他の不正の行為に該当するような事実がある場合には、7年間の調査となります。重加算税の要件である仮装隠蔽とはまた異なる取扱いとなりますので注意しましょう。

・　修正申告書を提出したとしても、当初申告の内容について必ず問われます。納税者が意図的な過少申告を行っていたのであれば、下手な言い訳などせずに、正直に事実を告げた方が調査官の理解を得やすいでしょう。調査官も聴取内容を上長に報告しなければならず、そこで理解を得られない場合には何度でも質問されることとなります。

　　臨場前に修正申告書を提出し、そのうえで正直に事実を伝え、調査を早期終了できるように努めるべきです。

CHAPTER4

帳簿の作成や原始資料の備えがないケース

～現金売上がある場合・反面調査が行われる場合～

原始資料が残されていない場合の税務調査

　私は在宅でシステムエンジニアの仕事をしていますが、確定申告書を提出した後、請求書や領収書などの原始資料を廃棄してしまっていたことに気付きました。

　どうやら自宅兼事務所を引越した際に誤って捨ててしまったようです。

　何も資料が残っていない場合には、税務調査はどのように進められるのでしょうか。

論点 1　税務調査の目的

　当局が行う税務調査には、納税者に適正な申告をしてもらうための指導を行うことも目的として含まれています。

　税務調査を受ける納税者としては、税務署は追徴税額を取るために税務調査を行っていると感じる方も多いでしょうが、税務調査の本質は納税者に対する適正な納税義務の履行に係る指導にあります。

　実際の税務調査では申告内容の確認手続き等が主体となることもあり、納税者としては「追徴税額を取られる」というイメージが強いようです。

税務当局による納税義務者に対する接触の態様には、調査及び行政指導があり、法令上は調査と行政指導は明確に区分されています（調査手続通達 1 - 1 (1)）。

調査は国税通則法第74条の 2 から第74条の 6 までの質問検査権の行使を伴い、その対象となる納税義務者等は受忍義務を負います。

これに対し、行政指導は納税者の自発的な意思に基づく協力を求めるもので、納税義務者は何ら法令上の義務を負うものではありません。

行政指導の例としては、納税申告書に法令により添付すべきものとされている書類が添付されていない場合において、納税義務者に対して当該書類の自発的な提出を要請する行為があります。

調査官による税務調査対応では、正しい申告書の書き方は無論のこと、日々の帳簿の作成方法や原始資料の保存方法など、税務手続きに関するさまざまな指導も並行して行われます。

論点 2　記帳や帳簿などの保存

1 年間に生じた所得を正しく計算して申告するためには、日々の取引の状況を記帳し、帳簿や書類を一定期間保存する必要があります。

青色申告者は、原則として正規の簿記の原則（一般的には複式簿記）により記帳を行わなければなりませんが、簡易帳簿で記帳してもよいことになっています。

また、下記の保存期間において、帳簿書類を保存しなければなりません。

【帳簿書類の保存期間】（国税庁ホームページ）

	保存が必要なもの		保存期間
帳簿	仕訳帳、総勘定元帳、現金出納帳、売掛帳、買掛帳、経費帳、固定資産台帳など		7年
書類	決算関係書類	損益計算書、貸借対照表、棚卸表など	7年
	現金預金取引等関係書類	領収証、小切手控、預金通帳、借用証など	7年（注）
	その他の書類	取引に関して作成し、又は受領した上記以外の書類（請求書、見積書、契約書、納品書、送り状など）	5年

（注）　前々年分所得が300万円以下の方は、5年

　白色申告者（青色申告者以外の方）についても、事業所得等（事業所得、不動産所得及び山林所得）を生ずべき業務を行うすべての方（所得税及び復興特別所得税の申告の必要がない方も含みます。）は、帳簿を備え付けて収入金額や必要経費に関する事項を記帳するとともに、帳簿や書類を保存する必要があります。

【帳簿書類の保存期間】（国税庁ホームページ）

	保存が必要なもの	保存期間
帳簿	収入金額や必要経費を記載した帳簿（法定帳簿）	7年
	業務に関して作成した上記以外の帳簿（任意帳簿）	5年
書類	決算に関して作成した棚卸表その他の書類	5年
	業務に関して作成し、又は受領した請求書、納品書、送り状、領収書などの書類	

論点3　何も資料がない場合の調査

　当然のことながら、税務調査でもっとも重視されるのは、納税者によ

る申告内容の確認です。

調査官は原始資料などを参照しつつ、納税者により申告された数字が適正であるか否かを調査します。

税務調査は法令に基づき作成や保存が求められる帳簿や原始資料を確認しつつ進められますが、ご質問にあるような何も資料が残されていないケースもあります。

実際にあった事例では、納税者は確定申告書を提出すれば領収書や請求書などは保存する義務がないと考えて、売上げに係る請求書や経費に係る領収書、請求書などをすべて廃棄してしまっていました。

納税者は税務に関する情報は税理士等に相談することなく、すべてインターネットにより得ていたため、ネット上の確定申告書を提出する際には領収書等の確認はされないといった情報をうのみにしており、確定申告書を作成してしまえば領収書等を確認されることはないと判断し、資料をすべて廃棄してしまっていたのです。

資料が何も残されていない場合には、調査官は申告内容が正しいか確認することができませんので、合理的な方法により所得金額を算定することとなります。

売上げは振込入金によるものは銀行口座を確認すれば入金額は把握できますし、現金売上については仕入れ等の経費との付け合わせによる算定や反面調査により確認を受けることとなります。

経費についても、領収書等が何も残されていないことのみを理由に、経費の計上が一切認められないというわけではありません。

販売小売業を営んでいれば、仕入れなしで商品を売ることはできませんし、仕入れは必ず生じます。

このような場合の仕入れなど、一般的に生じていると考えられる経費については資料の保存がなくとも認めてもらえる場合があります。

論点4　資料が残っていない場合の経費の算出方法

　とはいえ保存資料が何もないのでは経費を算出しようがありませんので、まずは再発行が可能な資料を用意することとなります。

　たとえばクレジットカードの利用明細などは時間がかかりますが再発行が可能ですし、その他では領収書や請求書、納品書などを可能な限り、取引先等に再発行を依頼します。

　そのような方法が取れない経費については、次のような算出方法によって経費が算出されます。

- ・　直近1〜2か月分の数字をもとにした概算金額
- ・　同じような生業を営む事業者の事業に要する経費の概算金額
- ・　生活費等から類推しうる事業に係る経費の概算金額

　これらはいずれも実際の税務調査で採られた経費の算出方法です。

　調査対象期間のある期間についてのみ原始資料が残されていない場合などは、直近分で保存されている原始資料に基づき、概算経費が算定されることもあります。

　実際にあった事例では、税務調査が入った日から遡った1か月分の領収書の金額を集計し、その金額をベースに過去の経費が算定されたこともありました。

　たとえば令和2年中に税務調査を受ける場合、当該年分は進行中の年度ですから調査対象とはされず、調査対象期間は令和元年分以前のものとなります。

　本来、進行年度の経費等を調べる必然性はありませんが、過去の資料が何も残されていない場合には、進行年度の経費に基づき、過去の経費が概算で算出されることがあるのです。

　進行年度分であれば、確定申告はまだ先の話であり、原始資料も保存

されているはずで、その金額をもとに過去の経費を概算で算定するのです。

　そもそも原始資料を日常的に保存していないケースもあるようですが、このような場合には同業他社の数字に基づき経費が算定される場合もあります。

　納税者の生活費の金額に基づき、事業にかかる経費が算出された事例もありました。

　納税者が年間に要する生活費が360万円程度であるならば、それ以上の所得金額があるはずです。その間に貯蓄が100万円増えているとすれば、所得金額は460万円以上はあるはずだと考えられます。先に所得を算定し、それをもとに経費を計算するアプローチの方法です。

　このように、税務調査では、直接経費を求める方法に限らず、間接的に所得金額を算定される場合もあり、一方的に税額を決められてしまうわけではありません。

　ご質問のケースでもこのような方法で調査が進められると思われます。

　税務調査は納税者に適正な申告をしてもらうことを目的としており、何も資料が残されていない場合でも、合理的な税額が算定されることとなります。

調査対応のポイント

① 　何も資料が残されていなくても、合理的に算定しうる金額の経費は認められます。とはいえ、資料を何も保存していない場合には、納税者側から説明しなければ経費は認められにくいでしょう。

② 　概算経費を計算するに当たり、必要な原始資料を可能な限

り、再発行などにより用意するようにしましょう。

・　資料が保存されていない場合には、どのような経費がかかるの
か、納税者からよく聞き取ったうえで通常生じると考えられる経
費については説明できるよう指導しておきます。

・　保存義務がある資料を意図的に廃棄した場合には、重加算税を
課されてもおかしくありません。意図的に廃棄しているわけでは
ない場合には、その旨を正しく調査官に説明する必要があります。
どのような状況で資料を廃棄あるいは紛失してしまったのか、事
実経緯を納税者から聞き取っておきましょう。

・　納税者の事業や取引内容を事前に確認し、重要な項目を把握し
ておきます。売上金額はどのような事業でも重要な争点となりま
すが、必要経費については業種や取引内容により、どのような項
目が重要な争点となるか早めに把握しておく必要があります。特
に重要度が高いと思われる経費については、原始資料や支払いの
事実が確認できる資料を用意するようにしましょう。

・　原始資料が残されていない場合には、調査日に間に合わなかっ
たとしても、何かしら支払の事実がわかる資料を用意するように
伝えておくべきです。

会計ソフト・パソコンの不具合でデータが開けなくなり帳簿が確認できないケース

私はスタイリストの仕事により生計を立てていますが、収入は不定期であり、Macで会計ソフトを使用して帳簿を作成し、自分で確定申告書を提出していました。

作成した元帳などの帳簿はデータでは保存していたものの、印刷はしていませんでした。

ところが、税務調査を受けることとなり、帳簿を印刷するために過年度のデータを開いたところ、会計ソフトがフリーズしたまま操作できなくなってしまいました。

やむをえず会計ソフトを強制終了して再起動してみたところ、今度は会計データそのものが開けなくなり、帳簿がまったく確認できない状況となりました。

売上金額は毎日作成していた伝票により確認することは可能な状況でした。

会計ソフトやパソコンの不具合等、意図せぬ理由により帳簿が用意できない場合には何が問題となるのでしょうか。

論点1　WindowsかMacか

　近年では日常業務において、使用するパソコンはMicrosoft社のWindowsではなく、Apple社のMacを使用する個人事業主も増えてきました。

　とりわけ、ネットを利用した副業による収入を得ている方に多く見受けられます。

　税理士業界では、会計ソフトや税務ソフトがWindowsにしか対応していないことも多く、長らくWindows環境は必須となっていましたが、近年ではクラウド型の会計ソフトも登場し、Macを使用している税理士も増えてきました。

　税務事務を取り扱う上ではWindows、Macどちらのパソコンを使用していても基本的にはまったく問題ありません。

論点2　意図的な帳簿隠しではないか

　ご質問のようなケースでは、帳簿の保存がないことを問題視されるでしょう。

　65万円の青色申告特別控除の適用を受けている場合には、法定帳簿の保存要件を満たしていないことを指摘される可能性もあります。

　事前通知後に、帳簿を確認されては困る事実を隠ぺいするために、データを意図的に削除したことを疑われるかもしれません。

　原始資料が保存されていれば、事実関係を立証する助けとなりますが、保存がなければ疑いを晴らすことは難しくなるでしょう。

論点3　Macで会計ソフトを使用していて問題となったケース

　同様の事例で、Mac上で納税者が利用していた会計ソフトに問題が生じたケースがあります。

　納税者はある年分の確定申告について、Macで会計ソフトを使って帳簿を作成し、印刷した決算書を確定申告の相談会場に持参して申告書を作成、提出していました。

　元帳などの帳簿関係書類は印刷せずに、残高試算表のみを印刷していました。

　申告が終了した後、会計ソフトの繰り越し処理を実行し、翌年分の帳簿作成を進めているところで税務調査の連絡がありました。

　そこで過年度の帳簿の印刷をしようと考え、会計ソフトでデータを開いたところでソフトがフリーズし、その後は再起動しても会計ソフトのデータが開けなくなってしまったのです。

　古いソフトであったためサポートも切れており、打つ手がない状況で、結局、調査当日までに帳簿を用意することはできませんでした。

　事前通知の際に進行年度の帳簿作成を進めていたことを告げていたことから、最近までソフトが使用できていることを税務署側が把握しており、当初は納税者が意図的にデータを削除したことを疑っているようでした。

　臨場調査では調査官が納税者の合意を得てパソコンを操作し、帳簿を確認するためにいろいろ試しましたが、結局、会計ソフトを開くことはできませんでした。

　その後、たまたま付近で別の調査をしていたITに精通した情報技術専門官が臨場し、ファイル復元ソフト等を使用して調べたものの、データを削除した履歴は見つかりませんでした。

情報技術専門官がその場で会計ソフト会社のサポートに問い合わせたところ、OSのアップデートをしたことが原因として考えられるとのことでした。

　納税者はそのトラブルが起こった直前にMacOSのアップデートを行っており、会計ソフトが当該アップデートに対応できていない状況であったことが要因であると推測されました。

　OSのダウングレードを実施すれば、失われた期間の会計データを確認できる可能性はありましたが、調査時点ではOSアップデートが原因であることは推測に過ぎなかったため、実際にOSのダウングレードまで指示されることはありませんでした。

　結局、調査が終了した後に、OSのアップグレードが原因であったことが判明した事例です。

　この税務調査では、帳簿は確認できないものの、原始資料はしっかり保存されていたため、それらの資料に基づき調査が進められました。

　調査の結果、否認項目もなく、青色申告の65万円控除についても特に問題ないとの判断が下されました。

　このような状況で65万円の青色申告特別控除が認められた理由としては、

- ・ 申告当時の残高試算表が残されており、提出された青色申告決算書と数字が一致していた
- ・ 会計データが開けなくなったのはOSのアップデートが理由で故意ではない可能性が高い
- ・ 直近の会計データを確認したところ、適正に帳簿が作成されていた

ことが挙げられます。

　申告書作成当時に印刷していた残高試算表が残されており、青色申告

決算書の記載内容と整合する数字であったことから、当時、帳簿は作成されていた可能性が高いと判断されたのです。

また、ITに精通した情報技術専門官が臨場して行った調査において、データ削除が故意に行われた形跡が見られなかったことも、意図的な隠ぺい行為ではないと判断された理由と考えられます。

さらにこの事例では、納税者は問題となった年分の申告後、会計ソフトがさすがに古過ぎると心配になり、先のことを考えてクラウド会計でも帳簿を同時作成していました。クラウド会計は初めて利用するため不安もあり、従前のソフトと同時利用し、双方で同じ帳簿を作成していたのです。

このクラウド会計で帳簿をつけていた事実を調査官に提示することもできたため、65万円の青色申告特別控除の適用要件である日々の帳簿作成の事実を裏づけることができたのです。

納税者は消費税の課税事業者でしたが、簡易課税を選択していたことから仕入税額控除の適用要件である帳簿の作成保存については問題とされませんでした。

原則課税の場合は帳簿の保存がなかったことから仕入税額控除について何らかの指摘を受けていたかもしれません。

① 元帳などの帳簿は、パソコンや会計ソフトがトラブルに見舞われても対応できるような状態で保存しておくべきです。

② 帳簿作成や税務手続きの作業ではMacOSによるパソコンを利用しても何ら問題はありませんが、WindowsOSのパソコンにくらべてソフト等の対応が遅れたり、未対応であったりすることが多いため、注意が必要です。

税理士としての対応のポイント

・ 会計ソフトや税務ソフトはWindowsOSのパソコンでしか使用できないケースも多く、Windowsしか操作したことのない税理士も多いと思いますが、近年はMacOSのパソコンやクラウド会計ソフトの利用者が増えています。元帳などを印刷していても、税務調査の際にはパソコンを使用して会計ソフトのデータを確認されることもあります。事前に納税者がどのようなパソコンや会計ソフトを使用しているのか確認し、最低限の操作方法を理解しておくべきでしょう。

特定の取引先の売上げの計上が漏れていたことですべての取引先に反面調査が行われるケース

　私は電気工事業を営んでおり、複数の取引先から仕事の依頼を受けています。

　私は事業用口座と生活用口座を分けて管理しており、売上げに係る入金については基本的に事業用口座で管理していましたが、ある取引先についてのみ、先方の都合により事業用口座以外の銀行口座で入金を受けていました。

　その取引先とは年間の取引数も少なかったため、確定申告の際にその分についてのみ、売上げとして計上することを失念していました。

　すると税務調査でこの売上げの計上漏れを指摘され、そのことを理由に、あらゆる取引先に対して反面調査が行われることとなりました。

　反面調査はどのような場合に行われるのでしょうか。

論点 1　事業用口座と生活用口座

　個人事業者から寄せられることが多い質問の1つに、事業用口座を作るべきか否か、というものがあります。

　税務上、生活用口座と分けて事業用口座を用意しなくてはならないということはありません。

　事業上の収入と経費を正しく集計できてさえいれば、1つの銀行口座で事業資金と生活資金を一緒に管理していてもなんら問題はありません。

　しかし実務上は事業用口座と生活用の口座とは別にしておいたほうがわかりやすいですし、管理の手間も省けるでしょう。

論点 2　反面調査される場合

　税務調査では、必要があれば反面調査が行われます。

　税務調査を受ければ即ち反面調査が行われる、というわけではありません。

　反面調査の実施は一定の場合に限られ、主に下記のようなケースで実施されます。

- ・　原始資料が保存されておらず、取引の実態がわからない
- ・　売上げの計上漏れが多い
- ・　調査官の質問に答えない、もしくは回答が虚偽であることが疑われる等、調査に協力しない場合
- ・　現金取引が多い
- ・　不正が見つかった

　調査対象先での調査だけでは正確な金額が把握できないと判断された

場合には、反面調査が行われることとなります。

　反面調査は相手先への事前連絡なしに行われることもあり、取引先との今後の取引に影響する可能性もあり、納税者としてはできるだけ避けたいものです。

　国税庁が公表している事務運営指針によると、「反面調査の実施に当たっては、反面調査である旨を取引先等に明示した上で実施することに留意する。」と記されています。

　実際に事前に連絡があるケースも増えてきましたが、まだまだ事前連絡なしに反面調査されることが多いのが実情です。

　通常の税務調査に係る事前通知については、納税義務者の申告若しくは過去の調査結果の内容又はその営む事業内容に関する情報等に鑑み、違法又は不当な行為を容易にし、正確な課税標準等又は税額等の把握を困難にするおそれその他国税に関する調査の適正な遂行に支障を及ぼすおそれがあると税務署長等が認める場合には、事前通知を要しないとされています（通法74の10）が、反面調査に係る事前連絡については法令上の定めはありません。

論点3　反面調査で終了まで半年間かかった

　実際にあった事例では、納税者になんの連絡もなく反面調査が行われたケースがあります。

　納税者は取引先から聞いて初めて税務署の反面調査が行われたことを知りました。

　長年付きあいのある取引先の都合で、通常使用している事業用口座と別の口座を指定されて入金を受けていましたが、この別口座に入金されていた売上げの会計ソフトへの入力が漏れており、税務調査により指摘

を受けました。

　結果、その他にも売上げの計上漏れがあることを疑われ、反面調査が実施されたのです。

　納税者の取引先に「〇〇氏との取引金額を記載して返送してください」といった文面による書面での照会が入ったのです。

　この事例では売上げの計上漏れがあったのは1社だけで、請求書等の原始資料もすべて保存しており、納税者としては反面調査をせずとも売上金額を確認することはできると考え、税務署に抗議しましたが、ひとたび始められた反面調査は止められませんでした。

　結果的に、発端となった1社の売上げだけが計上漏れであることが確認されましたが、調査終了までに半年近くも時間を要しました。

　すべての取引先から回答が来るまで調査は終えられないとのことで、かなりの長期間となったのです。

　別の事例では、現金取引である取引先についてのみ、反面調査が行われたこともあります。

　この事例では、売上げについて振込入金を原則としていましたが、現金取引であった1社についてのみ、反面調査が実施されました。

　現金売上については領収書を発行していたのですが、控えを保存していませんでした。

　取引先には納税者が発行していた領収書が保存されていたことから、すぐに取引金額を確認でき、申告した売上金額についても問題はなく、否認事項もありませんでした。

　さらに別のケースでは、クリニックを営む納税者が記録していた売上メモ以外に売上げに係る記録がなく、現金売上でレジ等も使用しておら

ず、他に何も記録が残されていなかったため、反面調査が行われる可能性がありました。

　カルテ等から治療を受けた患者の情報を得られたため、書面により反面調査をすることが検討されたようですが、その対象が事業者ではないことに加え、件数も膨大であったことから反面調査の実施は見送られることとなりました。

　納税者が記録していたメモの内容をカルテや社会保険の請求等と照らし合わせた結果、信憑性が高いと判断されたため、否認されることもありませんでした。

　ご質問のケースのように、別口座に入金されていた売上げの計上が漏れていたとなると他にも売上げの計上漏れの可能性を疑われ、反面調査が行われた可能性が高いでしょう。

　反面調査が実施されそうになった段階で、反面調査が入る旨、税理士から取引先に伝えたこともあります。

　実際のところ、税務署から取引先に直接連絡されるより、税理士から取引先へその旨連絡した方が取引先の心証を損ねずにすみます。

　実際に、税理士から先に取引先に連絡して資料を用意してもらっていたことで、税務署への資料の提示がスムーズになり、その資料によって調査が進んだケースもあります。

調査対応のポイント

① 原始資料などは必ず保管しておくようにしましょう。

② 突発的な取引や単発の取引などは、取引の事実関係を記録しておいた方がよいでしょう。

CHAPTER4　帳簿の作成や原始資料の備えがないケース

税理士としての対応のポイント

・ 反面調査が行われるリスクを完全になくすことは難しいものの、リスクを低減することは可能です。適正な申告を行うのはむろんのこと、原始資料を保存することも効果的です。申告書の作成依頼を受けた納税者に対して資料を返却する際に、資料保存の必要性を伝えておくとよいでしょう。

反面調査を要するケースで多いのは、納税者の資料だけで取引の事実が確認できない場合です。資料がすべて保存されており、取引の内容や金額が確認できれば反面調査が行われる可能性は低くなります。

・ 税務調査の過程で反面調査を受けることが懸念される場合には、取引先に対する連絡は納税者側から行う旨、調査官に伝えるようにしましょう。最近では、税務署側も取引先との関係を考慮した対応をしてくれることが増えました。

CASE21 　美容師 　　　　　　　　　　　　　　 現金売上

現金売上で何もデータが残されていないケース

　私は美容室を営んでおりますが、売上げは現金会計で、レジは使用していませんでした。

　日々の売上金は手書きメモにより記録しており、確定申告ではその記録メモを集計することで、売上げを計算していました。

　確定申告書の提出後、そのメモは廃棄してしまっており、売上げを確認できる資料を何も残していませんでした。

　税務調査では売上金額が重視されるとのことですが、現金売上で何も資料がない場合、どのように売上金額が計算されるのでしょうか。

論点1　レジは貴重な情報源

　現金商売ではレジを使用していない事業者も少なくありません。

　とりわけ飲食店などその場で売上げを現金で受領するケースでは、レジを使わないことも珍しくありません。

　釣銭を電卓で計算し、レシート代わりとなる領収書は、客の求めがあった場合のみ渡すなどしているケースが多いようです。

レジを使用していれば、レジペーパー、あるいは機種によってはレジ本体に現金収受の記録が残されていることがあります。

　当然のことながら、税務調査ではレジの記録を調べられることもあります。

　納税者自身も把握していなかった機能がレジに備わっていることもあり、レジ導入後のすべての記録が出てきたこともありました。

　このような記録があれば、売上げに関する調査は比較的スムーズに進みます。

　ところが、レジを使用していない現金商売の場合、調査は一筋縄ではいきません。

　レジによる記録資料の代わりに、原材料等の注文書や簡易帳簿など、残された資料を確認しながらの調査となります。

　レジを使用している場合には、税務署から細かい操作方法まで確認を求められることがあります。

　レジを使用していた飲食店で行われた税務調査では、いつ、どのタイミングで誰がどのようにレジを使用しているのか、レジを締めるのはいつか、釣銭の管理はどのようにしているのかなど、事細かに尋ねられたこともあります。

　調査日時点における現金残高について、硬貨の種類ごとに何枚ずつあるか、その場で調べられたこともあります。

　調査官がお客さん役となり、レジでの実際の支払状況を再現させられたことさえありました。

　税務調査では、レジは売上げを調べる際の貴重な情報源となるのです。

論点2　税務調査における売上金額の推定

　ご質問のようなケースでは、仕入れなどから算定する、あるいは直近の実際の売上げ状況から推定するといった方法により、売上金額が算定されることとなります。

　進行中の年度分であれば売上げに関する資料などが残されている可能性が高く、それらの資料に基づいて対象年度の売上げが算定されます。売上げに係る資料が残されていない場合でも、原材料等の仕入れに係る資料などが残されていれば、それらの資料を基に、売上金額が算定されます。

　その際、同業者における売上げと経費の比率や粗利率等の数字資料が参考として利用され、売上金額の推定が行われます。

論点3　直近の数字をもとに計算

　実際にあった事例には、飲食店を営む納税者は現金のみの売上げで、レジを使用せず、電卓でお釣りなどを計算しており、求められた場合のみ、手書きの領収書を客に渡しているケースがありました。

　日々の売上げをメモに記録し、確定申告の際はそのメモを集計して売上げを記載していましたが、申告書提出後、メモ書きは廃棄してしまっていました。

　客から注文を受けた際に書く注文票も保存されておらず、帳簿も作成していませんでした。

　一方で、経費等に係る領収書等は保存されていたため、経費に係る調査は問題なく進められました。

　経費の調べは順調に運んだものの、売上げについては何も確認できる

資料がなかったため、推定による調査しかできない状況でした。

　売上げを推定する方法としては、仕入れなどから算定する、あるいは直近の実際の売上げ状況から算定するといった方法が考えられました。

　この事例では、直近の売上データから算定する方法が採られました。

　調査対象年分以前については売上げに関する資料は何も残されていませんでしたが、進行年度については売上げのメモ等が残されており、進行年度の売上げと経費を算定して過去の数字と照らし合わせることで、大きな差異がないか調べられました。

　調査の結果、特殊な事情もなく、申告された数字と推定による算定数字との間に大きな差異は認められませんでした。

　また、税務署は同業者における売上げと経費の比率も調べたようですが、特に問題となるような事実は見当たりませんでした。

　原材料等の仕入金額は残されていた資料から把握できたため、その数字を基にして、納税者からの聞き取りや同業者の粗利率等から類推したおおよその売上金額が算定されました。

　問題となるような大きな金額差は見当たらず、申告内容もおおむね問題がないとの判断が下されました。

　一方で、従業員へのまかないや納税者自身の自家消費について調査官から指摘を受け、修正申告を行うこととなりました。

　経費については資料が保存されていたことから、消費税の課税仕入れに係る仕入税額控除の適用も認められました。

調査対応のポイント

① 現金商売ではできるだけレジを導入するようにして、記録を残すよう心がけましょう。また、そのレジペーパーは原始資料として保管しておく必要があります。

② 税務調査ではレジの操作方法に至るまで、細かい点についても尋ねられます。

③ 売上げを記録したメモ等は必ず保管しておきましょう。

税理士としての対応のポイント

・ 進行年度の資料が保存されていない場合でも、せめて調査の事前通知があってから調査日までの期間の資料は保存してもらうようにしておきましょう。何かしら実際の数字に基づいた算定であれば、税務署側の理解も得られやすいものです。

・ 納税者がレジを使用している場合には、レジの操作方法や機能を確認しておきましょう。

　実際、導入時点から現在までのすべての履歴を出力できる機能がレジに備わっていたこともありました。納税者自身もこの機能を把握していなかったため、非常に驚いていました。

　レジの操作方法や機能については調査前によく確認しておくように伝えておきましょう。

通常は振込みであるが年に数回生じる現金売上の計上漏れを税務署に指摘されるケース

　私は清掃業を営んでおりますが、取引先は1社だけで、売上げは毎月振込みにより入金されています。

　年に数回だけ個人から仕事を受けることがあり、その売上げは現金で受領していました。

　その現金売上の計上を申告時に漏らしてしまい、税務調査で指摘を受けました。

　請求書や領収書がなくても現金売上が把握されることがあるのでしょうか。

論点1 振込みのみであれば確認は簡単

　税務調査では売上げの確認が最優先で行われます。

　まず売上げから調査を始め、問題がなければ経費の確認に移りますが、もっとも調査に時間をかけるのは売上げの確認です。

　早期決着する税務調査に共通して言えることは、売上げの確認がすぐ終わっているということです。

単純でわかりやすいのは、取引先が1社のみで毎月振込みによる入金がなされているような場合です。

入金額は、売上げから原材料費などが差し引かれている場合もありますが、そういった売上げから相殺する費用がない場合には、単純に12か月分の振込金額を集計すればよいだけで、売上金額の確認はすぐに終わります。

相殺費用がある場合には、振込金額に加え、明細を確認する必要も生じますが、さほどの手間は要しません。

その点、現金による売上げは本当にその金額であっているのか、ほかにも売上げがあるのではないか等、確認に時間を要します。

論点2 年に数回の現金売上も把握された事例

実際にあった事例では、税務調査において、当初、取引先は1社だけで毎月振込み入金だけと説明していたところ、現金売上があることが判明したケースがあります。

この事例では、納税者は特定の取引先1社からの仕事しか受けていないと説明しており、通帳には毎月1回、その取引先からの入金記録しかありませんでした。

ところが実際は、年に数回、近所に住む知人などから仕事を依頼されることがあり、現金により対価を受け取っていたのです。

その代金は通帳には入金していなかったのですが、税務調査によりこの現金売上が把握されました。

税務署は経費の支払を確認する過程でこの現金売上の存在に気づきました。

納税者は外注費の支払を現金で行い、領収書を受け取っていましたが、

外注費は毎月１回払いとなっており、金額が高額であったことから支払前に銀行口座から引き出し、現金にて支払を行っていたのです。

　毎月の外注費の支払日の数日前には必ず近い金額の銀行口座からの引き出しがあったのですが、ある月だけ外注費の支払はなされたものの、それに見合う銀行口座からの引き出しがなかったのです。

　数十万円もの支払であるにもかかわらず、銀行口座から引き出しの履歴がなかったことから、その支払に充てた現金がどこから出てきたのか、その出所が問題とされました。

　調査の結果、現金売上があり、その代金を外注費の支払に充てていた事実が判明しました。

　このように「どこからお金が出てきたのか」を考えていくことで、現金売上の存在が疑われることもあります。

　別の事例では、取引先が行った確定申告により、現金売上が把握されたこともあります。

　リフォーム工事を施工して、現金により受領した売上げを申告せずにいたところ、施行主が修繕費などの名目で経費計上し、申告していたことから現金売上が判明した事例です。

　管轄の税務署が同じだったことで、裏取りによる状況確認も行われたようでした。

　仕入れ時の納品書から、売上げの計上漏れが判明した事例もあります。

　納品書にA邸、B邸、C邸と記載があるのに、売上げについてはA邸、B邸しか計上していなかったことで、C邸の売上げが問われたケースです。C邸の売上げは現金で収受していたことが、後日の調査で判明しました。

　このように、見えにくい現金売上も、経費との関連性や取引先など相手側の情報などから把握されることもあるのです。

調査対応のポイント

① 売上げについては現金売上も含め、何度も確認し、漏れが
ないように申告しましょう。

② 売上げは税務調査で一番重点的に調査されます。計上漏れ
についてはほぼ確実に捕捉されると考えておくべきです。

③ 現金売上については領収書など、何かしらの記録資料を必
ず残しておくようにしましょう。

税理士としての対応のポイント

・　大きな支出については資金源を確認することも非常に大切です。
銀行からの引き出し記録がないのに現金で多額の支払を済ませて
いる場合には、どこからそのお金が出てきたのか必ず確認を求め
られます。

　銀行口座に多額の現金預入があった場合も同様です。現金預入
をした場合には手許に現金があったわけで、その現金の入手経緯
を確認する必要があります。現金売上や別口座への売上げに対応
する入金の可能性も考慮しなければなりません。

　【CASE20】の事例のように、別口座に入金されていた売上げ
の計上が漏れていたことで、すべての取引先に対して反面調査が
行われた事例もあります。資金の流れについて不自然な点がない
か、注意深く確認し、必要があれば資金の流れを説明できるよう
に指導しておくべきです。

CHAPTER4　帳簿の作成や原始資料の備えがないケース

CHAPTER 5

計上した経費が
認められるケース、
認められないケース
～生活費との整合性が
疑われる場合～

税務調査の結果、経費が少なすぎるとして領収書がなくても経費の追加計上が認められるケース

　私は長年確定申告をしておらず、開業以来10年間ずっと無申告のままでした。

　ある時、税務調査の事前通知があったため、臨場前に慌てて確定申告を行いました。

　売上げについては通帳から把握できたものの、経費については原始資料を保存しておらず、手許に資料が残されていたものについてのみ、申告をしました。

　その後の税務調査で、生活費との比較において経費が少なすぎるとされ、追加の経費計上が認められました。

　税務調査ではどのような意図で生活費の確認が行われるのでしょうか。

論点1　税務調査の目的

　税務調査には、正しい申告をしてもらうための指導を行うという側面

もあります。

　税務調査が行われると税金を追加で課されるイメージが強いせいか、「指導」を目的とする側面を有することは一般に理解されていないようです。

　税務調査では申告内容が正しいか否かを確認する作業が主となり、その部分にかなりの時間と労力を割くわけですが、税務調査の目的はそれだけにとどまりません。

　帳簿の作成方法や原始資料の保管方法、個別の事案について税務上どのように対処すべきかなど、納税者が提出すべき申告書や届出書に係るさまざまな指導を行うことも税務調査を行う重要な目的なのです。

　青色申告を勧奨したり、取り扱いがわからない場合などにうやむやに処理せず、税理士や税務署へ相談することを促したりすることもあります。

　追徴税額を課すことだけが税務調査の目的ではありません。

　過去の申告内容の確認も適正な課税を実現するために行われるのであって、追加の税金を取るためだけに行われているわけではありません。

論点2　生活費や資産状況との整合性

　ご質問にあるとおり、個人に対して行われる税務調査で必ず問題となるのが、事業に係る経費と生活費との関係です。

　法人に対して行われる調査と個人に対する税務調査で異なる点は、この生活費が絡んでくる部分です。

　自営業者などの個人事業者に対する調査では、必ず生活費に係る確認が行われます。

　年間でどの程度の生活費を要しているかがわかれば、相対的に必要と

なる所得金額が類推できるからです。

　毎月50万円の生活費を要するのであれば、年間で600万円以上の所得がなければ生活を維持できないと考えられます。

　加えて貯蓄の年額が200万円あるのであれば、おおよそ800万円は所得を有していることになります。

　個人の生活費を調べることで、その者のおおまかな所得金額を推量できることが、個人の税務調査における特徴です。

　したがって、個人の税務調査では、所得金額と生活費や貯蓄金額の整合性を必ず確認されると考えておくべきです。

　両者に整合性がなく、説明がつかない場合には、徹底してこの点を調査されることとなります。

　たとえば所得が1,000万円あり、生活費が年間500万円で済んでいるにもかかわらず貯蓄がない、などという場合には整合性はないと考えられるため、その点に係る説明を求められることとなるでしょう。

　所得から生活費を除いた残りの500万円が貯蓄されていれば問題ありませんが、ない場合には、どこで費消されたのかが問題となるわけです。

　ギャンブルやあるいは子供の学費や海外旅行、大きな買い物など、通常の生活費のほかに突発的な大きな支出などで辻褄があえばよいのですが、そうでない場合には所得金額に細工があるのではないかと疑われます。

　実際に何にお金を使っていたのかは問題とされず、あくまで何に使っていたのかが判明すればよいのです。

　所得と生活費の整合性がとれない理由が何もない場合には、実際の所得は1,000万円もなく、600万円程度しかないのではないか、などと推量されることとなります。

論点3　消費税の仕入税額控除

　実際にあった事例では、納税者は確定申告書を自身で作成して提出していました。

　経費は現金での支払が多く、領収書を受け取っていたものの、保管をしておらず、大部分を紛失してしまっていました。

　納税者は建築関係の仕事をしており、道具代や交通費は必ず発生するものですが、経費に係る原始資料が適切に保存されておらず、わずかに残されていた原始資料に基づく少額な費用のみを経費として申告したため、実際の所得金額に比べ、見かけの所得金額が大きくなってしまっていたのです。

　税務調査の結果、貯蓄金額や生活費から推量し、通常発生していたと考えられる金額が経費として認められることとなりました。

　原則論では保存資料のないものについて、一般的には経費としては認められませんが、この事例では、領収書等の原始資料がなくても必要経費を認めてもらえました。

　このように、所得税については原始資料の保存や帳簿がなくても客観的に明らかに発生していると考え得る経費が認められることもありますが、消費税については別の問題が生じます。

　所得税については、何も資料が残されていない場合でも、同業者との比較や直近の数字との比較により、概算で経費を認めてもらえることもありますが、消費税についてはそのようなことはありません。

　税務署も消費税に関しては概算による経費計上は認めない方針で調査を行います。

　所得税で必要経費を認めた場合でも、消費税では仕入税額控除の適用を認めないということもあります。

消費税の課税仕入れに係る仕入税額控除については適用要件が明確に規定されています。

　事業者が課税仕入れ等の事実を記載した帳簿及び課税仕入れ等の事実を証する請求書等を保存しない場合、その保存がない課税仕入れ等の税額は仕入税額控除の適用を受けることはできないこととされています（消法30⑦）。

　所得税についても帳簿の作成保存に関する規定はありますが、帳簿の作成保存が必要経費を算入するための要件とはされていません。

　帳簿の作成保存がされていない場合には青色申告の取消しをされる可能性がありますが、帳簿の作成保存がないことを理由に必要経費がまったく認められないということはありません。

　所得税については推計課税の規定があり、税務署長は、居住者に係る所得税につき更正又は決定をする場合には、その者の財産若しくは債務の増減の状況、収入若しくは支出の状況又は生産量、販売量その他の取扱量、従業員数その他事業の規模によりその者の各年分の各種所得の金額又は損失の金額（その者の提出した青色申告書に係る年分の不動産所得の金額、事業所得の金額及び山林所得の金額並びにこれらの金額の計算上生じた損失の金額を除く。）を推計して、これをすることができるとされています（所法156）。

　消費税についてはこのような推計課税の規定はありません。

　消費税における仕入税額控除の適用を受けるためには、経費が発生していた何かしらの根拠を示す必要があります。

　領収書やクレジットカードの利用明細などの再発行を依頼し、事後的にでも支払の事実を提示することで、税務署と交渉することは可能です。

調査対応のポイント

① 領収書などの原始資料を残していない場合には、可能な限り再発行を依頼するようにしましょう。

② 領収書等の原始資料の保存がない場合でも調査官には実際に発生している経費については伝えましょう。

③ 多額の支出がある場合には調査官に説明できるようにしておきましょう。

税理士としての対応のポイント

・ 納税者から税務調査対応の依頼を受けた場合には、申告内容の確認に加え、納税者の生活費や資産等についてもある程度聞き取りをしておく必要があります。

・ 所得金額や生活費、資産等について疑われる点がないか、事前に確認しておきます。生活費や資産等の状況から判断して所得が少なすぎると考えられる場合には、必要経費のなかに生活費と考えられるものが混在している可能性があります。

・ 納税者が必要経費についてよく理解していない、あるいは勘違いで意図的ではないにせよ過少申告となっている可能性もあります。もし、納税者が必要経費に関して誤った認識を有している場合には、調査前に今一度計上すべき経費を見直してもらうことで、早期に調査を終了させることが可能となるかもしれません。

金融機関対策として実際よりも所得を多く申告していたことで減額更正となるケース

私は事業の運転資金の借入れや住宅ローンなどの審査で有利になるように所得を水増しして申告し、納税も行っていました。

税務調査により過大申告が判明し、減額更正処分を受けました。

個人事業者では金融機関からの借入れが難しいと考え、意図的な過大申告を行っていたのですが、税務調査で減額となることもあるのでしょうか。

論点1 税務調査により減額

前問でも記載したように、税務調査は税金を追徴することだけを目的としているわけではないため、何も資料が残されていなかったとしても、合理的な経費を追加的に認めてもらえるケースもあり、必ずしも追徴税額が発生するばかりとは限りません。

論点2 意図的に過大申告していたケース

ご質問のように、金融機関対策として所得金額を意図的に過大申告しているケースもあるようです。

事業の運転資金や住宅ローンの借入れ審査で有利になるよう、納税額が増える結果となっても、過大に所得を申告しているケースです。

住宅ローンの審査を通すため、売上げを増やすだけでなく、対応する経費も調整し、所得が実際より多くなるよう調整していることもあります。

住宅ローンの審査が通った後も急に申告内容が変わると怪しまれると考え、従前通り過大な申告を続けているケースもあります。

実際にあった事例では、同様の意図から過大申告していたものの、帳簿を作成しておらず、正確な売上げや経費を把握できていませんでした。

したがって、納税者本人も具体的にどの程度過大な申告となっているか、正確には把握できておらず、毎月の収入額に比べて明らかに大きな金額で申告していたことから、申告書に記載した数字の根拠を問われましたが、単純に多く申告していたと回答するしかない状況でした。

所得金額をあえて過大に申告し、その分も含めた納税を行っているケースは珍しく、税務署側も当初は実際の売上げはもっと大きいのではないかと疑っていたようです。

この事例では納税者の妻も納税者とはまったく異なる事業を営む個人事業者であったため、本来は夫のものである売上げを妻の売上げにするなど、所得金額を操作している可能性を税務署は疑っていたようです。

妻の事業に対する税務調査は行われませんでしたが、納税者自身の証憑等を調査した結果、そのような事実は認められませんでした。

申告書に記載された所得金額は900万円台であったため、税務署側は

納税者が消費税の納税義務を免れるために過少申告により、売上高を900万円台に調整しているのではないかと考えていたようですが、税務調査により明らかとなった実際の売上げは700万円程度でした。

　結果としてこの事例では税務調査によって過大申告の事実が確認されたため、減額更正されることとなりました。

論点3　調査による減額更正

　税務署長は、納税申告書の提出があった場合において、その納税申告書に記載された課税標準等又は税額等の計算が国税に関する法律の規定に従っていなかったとき、その他当該課税標準等又は税額等がその調査したところと異なるときは、その調査により、当該申告書に係る課税標準等又は税額等を更正することとされています（通法24）。

　上述の事例も本来であれば納税者から更正の請求書を提出すべき事案でしたが、税務調査で原始資料の確認も済んでいたことから、職権による減額更正とされたのです。

　更正により納付すべき税額は増減しますが、納付すべき税額が増加する場合は増額更正といい、減少する場合は減額更正といいます。

　減額更正は納税者が行う更正の請求に基づくものと税務署長の職権に基づいて行われるものがあります。

　税務調査は適正な課税を目的としており、計上を忘れていた経費があっても、発生していた事実を確認できれば認められる場合もあります。

　こうしたことは所得税に限らず、消費税についても同様で、課税仕入れとして計上し忘れたとしても、課税仕入れの事実が確認できれば認められる場合もあります。

　ただし、消費税の課税仕入れに係る仕入税額控除の適用は帳簿の作成

保存並びに原始資料の保存が要件とされており、所得税におけるより厳しい判定が下されるケースが多いようです。

　過大申告の実態が税務調査で明らかになったとしても、その修正はなされないと思われがちですが、税務調査では、調査結果により明らかとなった事実に基づいた課税が行われます。

調査対応のポイント

① 過大申告を行っていた場合には、税務調査においてその旨を調査官に伝えた上で、事実が確認できる資料を提示することにより減額更正を受けることが可能なケースもあります。
② 過少申告同様、意図的な過大申告も行うべきではありません。

税理士としての対応のポイント

・ 売上げの過大計上や経費の計上漏れが認められる場合には、調査によって減額更正となることもありえます。

　減額更正となる場合には、減額要因となるものだけでなく、すべての項目に対する調査が行われることが一般的です。経費の計上漏れが１件あったとして、それだけを確認すればよい訳でなく、すべての経費について確認されることとなります。

　通常の税務調査では、調査の手間等を勘案し、重要性の低い項目については確認が省かれるケースもありますが、減額更正の場合には、原則としてすべての資料が確認されます。

・ 調査前に過大申告が判明した場合には、更正の請求をすることも可能です。更正の請求の手続きにおいても減額の要因となる根拠資料は提示する必要がありますが、後で調査を受けるにせよ、資料を確認されることは変わりなく、職権による減額更正をしてもらったほうが調査官が必要な手続きを行い、資料をすべて確認してくれるため、手間が省けるかもしれません。

CASE25	回転板設置業など		現金売上	経費容認	反面調査

現金で支払った外注費について領収書がなくても経費に認められるケース

　一人親方である私は、外注費の支払を作業現場において現金で行っていました。

　現場での手短なやり取りで済ませてしまうことが多く、領収書などを発行してもらうことができなかったため、原始資料はほとんど残されていません。

　外注費はかなり大きな金額ですが、領収書がなくても税務調査で認めてもらえることもあるのでしょうか。

論点1　原始資料の保存

　事業所得等を生ずべき業務を行う納税者は、帳簿を備え付けて収入金額や必要経費に関する事項を記帳するとともに、帳簿や書類を保存する必要があります。

　青色申告者は原則として正規の簿記の原則により記帳を行わなければなりませんが、簡易な記帳によることも可能です。

　青色申告の特典を受けるためには、帳簿関係や領収書等は7年間、見

積書等は 5 年間の保存が必要とされています（【CASE18】参照）。

　保存期間の 7 年間という期間は、請求書等の日付からではなく法定申告期限から起算して 7 年間となります。

　資料の種類により 7 年、5 年と保存期間が異なりますが、実務上はすべての資料について 7 年間保存しておくのが無難でしょう。

　事業に関係する必要書類はすべて保存しておくべきです。

論点 2　税務調査における原始資料の確認

　税務調査においては必ず原始資料の確認が行われます。

　一般的な調査ではまず帳簿が確認され、さらなる確認チェックが必要と考えられるものについて、原始資料が確認されます。

　売上げについては請求書や通帳の入金記録が確認されます。

　通帳の入金記録だけでは入金と出金が相殺されている場合があり、正確な売上げが把握できないため、必ず請求書等の明細が確認されます。

　経費についても領収書や請求書が確認され、生活費との混同はないか、経費性があるものか、必要経費として計上したものについて原始資料が保存されているかなどが確認されます。

　事業者であれば帳簿の作成保存が必須とされているものの、税務調査では原始資料が重視される傾向があります。

　とりわけ消費税の調査では、原始資料の有無により、調査結果が大きく異なる場合があります。

論点3　領収書がなくても外注費が認められたケース

　個人事業者の税務調査では、領収書が残されていないケースが多々あります。

　とりわけ建設業等では、外注費を現金で支払った際の領収書等を保存していない、あるいはそもそも領収書を受け取っていないことが多々あります。

　外注費の支払については請求書を発行してもらった後に振り込むようにすれば、取引履歴が残るので支払の事実が確認できます。

　ただ、建設業の場合などは、現金の日払いをしないと外注が集まらないこともあり、現金払いが多くなる傾向にあるようです。

　外注費を銀行振込で支払っていれば記録が残り、そこから経費性の有無を確認することも可能ですが、現金払いで領収書がない場合には確認のしようがありません。

　現金払いの外注費について領収書等が保存されておらず、税務調査で否認されてしまうケースは非常に多いものです。

　外注費は金額が大きくなりがちですし、これが否認されるとインパクトは大きくなります。

　実際に現金で支払った外注費について、領収書がなかったものの、調査で認められた事例がいくつかあります。

《カレンダーにメモ書きしていたケース》

　この事例では、外注費はすべて現場で現金払いをしていました。

　現場でのやり取りで、領収書を発行してもらう手間をかけることもできず、領収書等の原始資料はほぼ残されていませんでした。

唯一、記録として残っていたのは本人がカレンダーに記載していたメモだけでした。

　カレンダーに、「いつ・誰に」応援（外注）を頼んだかを記載していたのです。

　納税者は、確定申告時にこのカレンダーをもとにして外注費を計算していました。

　1日当たりの人工代（にんくだい）は決めており、カレンダーで日数を計算して外注費を算出していたのです。

　この事例では、売上げをみれば1人ではこなせない仕事量で、外注費があることは明白で、領収書がないからといって外注費がまったくないということはありえず、カレンダーに記載していたメモをもとに、外注費を認めてもらうことができました。

　ただし、その外注費について、支払の相手が実在する人物であることの確認のため、住所や連絡先などを提示するよう求められました。

《後から領収した旨の書面をもらったケース》

　同じく現金払いしていた外注費について、何も資料が残っていないケースがありました。

　この事例では、売上げの請求書に現場名と人工が記載されていました。

　請求書に2人工とあれば、納税者のほかにもう1人案件従事者がいたことになり、外注費が生じていた証明になる可能性があります。

　1日当たりの人工代はほぼ決まっていたため、売上げの請求書に記載してある人工を1年分集計し、年間の外注費の金額を計算することができました。

　しかし、税務調査においては誰に支払ったのかがわからなければ、経

費として認めてもらえないことがあります。

この事例でも、年間でどれくらいの外注費があるのかは判明したものの、当初は誰に支払をしたのかがわからず、経費として認められないと言われていました。

しかし外注先がいつも同じだったため、相手方に「確かにこの金額を受領した」と一筆書いてもらい、それを税務署に提示することで経費として認めてもらうことができました。

いずれのケースも外注費があったことが合理的に確認できたこと、支払の相手先が判明したことにより、最終的には経費として認めてもらうことができました。

ご質問のケースのように領収書がない場合には原則として外注費が認められません。しかし、何かしらの根拠を示すことで理解を得られるかもしれず、何らかの資料に基づき説明を心がけるとよいでしょう。

調査対応のポイント

①　現金払いで支払う場合には、必ず相手から領収書を受け取り、保存するようにしておくべきです。

②　領収書がもらえない事情がある場合には、メモ書き等により支払の事実を確認できるようにしておくべきです。

③　支払先の住所・氏名・連絡先は控えておくようにしましょう。

税理士としての対応のポイント

・ 原始資料が何も残されていない場合には、支払の事実が確認できる代わりの資料を提示することが必要です。

　納税者1人ではとてもこなせない仕事量で、明らかに外注費があるだろうと考えられる状況であっても、支払の客観的な事実関係を示す資料がなければ経費として認められないこともあります。請求書や領収書以外にも、納税者のメモ書きなど、何かしらの資料が残されていないか、よく確認すべきです。

・ 納税者の出面帳のメモにより、外注費が認められることもあります。また、スマホのLINEでやり取りをしている画面を提示して、外注している事実を認めてもらえたこともありました。

　請求書や領収書など正式な書面でなくても客観的に支払があったと判断できる材料を提示することが非常に大切です。

・ 根本的な対策として、納税者側であらかじめ領収書に日付・金額などを記載しておき、現金払の際に本人の押印をしてもらうように指導するとよいでしょう。

　建設現場等でその場で領収書の必要項目をすべて記載するのは困難な面もあることから、用意できる部分はあらかじめ記載して、印鑑だけ相手方に持参してもらうように指導するとよいでしょう。

CASE26 飲食業 生活費 貯蓄 整合性

所得・生活費・貯蓄の整合性が問題となるケース

私は定食屋を開店してから5年間、ずっと無申告でした。

売上げは現金売上のみで、経費も現金払いが多かったこともあり、現金を銀行に預けずに自宅の金庫に保管していました。

税務調査で正確な貯蓄金額が把握できないとのことで、調査がかなり長期化しました。

税務調査で、なぜ貯蓄についても問題とされるのでしょうか。

論点1 個人特有の論点である家事関連費

税務調査は個人事業者であろうが、個人が法人成りしようが、どちらに対しても行われます。

【CASE23】で説明したように個人事業者における税務調査特有の論点として挙げられるのが、生活費との関連性です。

個人の支出はおおむね家事費、家事関連費、業務上の経費の3つに区分されます。

家事費及び家事関連費は、原則として各種所得の金額の計算上必要経

費に算入できません（所法45①一）。

　家事関連費のうち、必要経費になるのは取引の記録などに基づいて、業務遂行上直接必要であったことが明らかに区分できる場合にその区分できる場合のその区分できる金額に限られます。

　家事関連費や事業割合の問題は、個人事業者に対する税務調査では必ずといってよいほど問題とされる論点です。

　事業割合については、あらかじめ合理的に説明できるようにしておく必要があります。

　車両にかかる費用の事業割合について、事業で使用したときとそれ以外で使用したときの走行距離をメモして事業割合を計算するように税務調査で指導されたこともありますが、そこまでせずとも合理的に説明できるように準備しておくべきです。

　1週間のうち平日の5日間は事業として使用している旨を説明し、7分の5を必要経費として認められた例もあります。

　水道光熱費や家賃、自動車、通信費に係る費用などについては事業割合が問題となることが多く、とりわけ家賃は金額が大きくなることから、注意が必要です。

　間取り図などを用意して、事業として使用している部分の割合を合理的に説明できるようにしておくとよいでしょう。

論点2　生活費や貯蓄との相関性、関連性を重視

　個人事業者に対する税務調査でとりわけ重視されるのは、所得・生活費・貯蓄における相関性や関連性です。

　これらの相関性や関連性について説明がつかない、矛盾しているような点がある場合には、それらが明らかとなるまで調査が終わらないこと

もあります。

　逆にこれらの数字における整合性が取れる説明がなされれば、早期に調査が終了することもあります。

　税務署側としては適正な課税を目的としているため、所得が多すぎたり少なすぎたりすると考えられる場合には、その疑いが晴れるまで調査を終えられず、適正であると判断されるまで、調査が続けられるケースが多いのです。

論点3 表に出したくない支払が判明したケース

　実際にあった事例では、洋食店を営む納税者が5年間無申告で、現金は自宅の金庫で保管していた事例がありました。

　税務調査により、所得は1,000万円程度、生活費は年間400万円程度と算定されたことから、単純計算で年間600万円程度は貯蓄していることが想定されました。

　5年間累計では3,000万円もの貯蓄額となるはずですが、実際の金庫の現金残高は800万円程度で、他に資産もありませんでした。

　3,000万円はあると想定される資産が800万円しか見当たらず、2,200万円分の資金について辻褄が合わなくなったのです。

・　所得金額が1,000万円と算定されたが、誤っている

・　他に隠し資産がある

・　生活費など、他に支払がある

のいずれかの可能性が考えられます。

　売上げについてはレジペーパーがすべて保存されており、日々の売上金額を記載した納税者直筆のメモが調査日の直前の日付まで残されていたことから、日頃から売上金額についてはしっかり記録していたことが

判明し、保存されている資料の信ぴょう性は高いと判断されました。

　また、経費についても原始資料はすべて保存されていました。

　売上げは現金のみで、支払も現金払いが多かったことから、現金は銀行に預け入れることなく金庫で保管されていました。

　保管されていた資料や同業者比率などから検討しても、所得金額にも大きな誤りはなさそうでした。

　税務署側での調査結果から、他に資産もないようでした。

　すると他に生活費等の支払があるということになり、納税者によくよく尋ねてみると、実は、以前にこの洋食店を経営していた方に、年間約600万円もの支払をしていたことがわかりました。

　実はこの洋食店は以前の経営者から譲り受けたものだったのです。この元経営者が週に何日かお店にきて、実際に手伝いをしてくれていたことから、お店を譲り受けた対価の意味もあり、給金として年間に約600万円の支払を行っていたのでした。

　相手方の元経営者もこの収入を申告していなかったこともあり、この支払のことを表に出したくないと考えて黙っていたようです。

　その結果、この事例における調査では、調査官がお店に臨場した際に元経営者の実際の勤務状況を確認し、勤務実態を確認することができたため、この支払については給与として処理されることとなりました。

　納税者は正社員とアルバイトを含めて10人程の従業員を雇っていましたが、以前の経営者に対する給与の金額は他の従業員と比べて高額でした。

　しかし、納税者がお店を不在にする際に営業を任せたり、材料の仕入れをすべて任せているなど、仕事の内容を考慮した結果、金額については問題ないと判断されました。

　給与の支払は経費として認められましたが、源泉所得税の納付漏れに

ついて指摘を受けました。

このように、所得・生活費・貯蓄の整合性が取れない場合には、どこかの数字がおかしいと判断されます。

別のケースでは、

・　納税者がギャンブルにハマり散財していることが判明した事例

・　納税者が女性に貢いでいた事例

などもありました。

ある調査では納税者の妻が立ち会う場で「売上げの入金後に毎月多額の支払をされていますがどこに支払っているのか？」と調査官に問い詰められ、妻以外の女性に多額の支払をしていた事実が税務調査によって明らかになったこともありました。

この支払は経費としていなかったため、調査で問題とされることはありませんでした。

いずれも使途や現金がない理由が判明したため、税務署からそれ以上の追及はなされませんでした。

税務調査では現金がない理由がわかればよく、趣味や交友関係など使途にかかる理由自体が問題とされることはありません。

調査対応のポイント

① 税務調査では生活費や資産状況についても確認されるため、整合性のある回答ができるように準備しておく必要があります。

② 生活費などで突発的な大きな支出などがあった場合には、調査官に対し、隠さずに説明するようにしましょう。

③ 所得や生活費、貯蓄などの金額における整合性が取れない場合でも、その理由や状況が判明すればよいだけで、その理由や状況についていたずらに追及されることはありません。

税理士としての対応のポイント

・ 個人の税務調査は法人に対するものと異なり、個人の生活に係る部分にまで調査が及びます。個人が営む事業に関係のない部分の支出についても問われることがあります。事業と関係のない生活費部分について多額の支出がある場合には、事前に納税者から聞き取りを行い説明できるように指導しておきましょう。

・ 個人に対する税務調査で多額のお金が動いている場合には、経費として計上しているか否かにかかわらず、その内容を確認されます。多額の入出金については事前に納税者から詳細な内容を確認しておいたほうがよいでしょう。

CASE27　デザイナー　経費否認　消費税　整合性

領収書等がまったくチェックされず特定の科目のみが一定割合減額されるケース

私は自宅を仕事場（事務所）としています。

領収書等の原始資料はしっかり保存し、帳簿も作成していましたが、子供用品等の生活費に係る支出について、経費として申告してしまっていました。

税務調査を受けたところ、調査では領収書等の確認はまったく行われないまま、一定の科目について経費を減額した内容での修正申告を提案されました。

一枚ずつ領収書をチェックされると大変だなと考えていたので提案を受けることにしましたが、税務調査で領収書等をまったく確認しないこともあるのでしょうか。

論点1　売上げは厳密に確認される

税務調査では、売上げは1円単位に至るまで、徹頭徹尾、正確に確認されます。

請求書や通帳の入金記録、現金での受領分に至るまで、細かな確認が

行われます。

　個人事業者に対する税務調査では、売上げの入金がない生活用途で使用している銀行口座についても入出金の履歴が確認されます。

　税務調査では事業所得として申告した所得以外にも課税対象となる収入があるか否か確認が行われるため、事業用口座以外の銀行口座についても確認を受けることとなるのです。

　また、事業用口座以外の口座の確認には、おおまかな生活費を把握する目的も含まれています。

　入出金が合算で、相殺されている金額があれば、その内訳も必ず確認されます。

　消費税の課税事業者に該当するか否かの判断を要する局面においては、出金額と相殺された入金額を売上げとして計上しているケース等も多いため、そのような相殺がないか、ことさら慎重に調査するのです。

　正確な売上金額の把握は、税務調査で最も重視される項目です。

論点2　領収書をまったく確認しない

　経費の調査において領収書は必ずチェックされますが、調査の手間や時間を考慮して、省略されるケースもあるようです。

　ご質問にあるように、領収書等を一切確認することなく、特定の科目を一定割合減額することによる修正申告を提案された事例もありました。

　この事例でも、まずは売上げに対する調査が行われましたが、請求書と入金記録に基づき、かなり正確に集計して申告されていたため、目立った誤りは見つかりませんでした。

　次に、経費関係資料の提示を求められましたが、経費関係書類が保存されていることを確認した段階で、修正申告書を提出するよう提案を受

けたのです。

資料のチェックはおろか、何も見ていない状態での提案で、交際費を50％、減価償却費を20％、雑費を70％減額するという内容でした。

本来であれば、きちんと精査していただき、不明点があればその都度確認をお願いするよう申し出る局面でしたが、納税者は子供用品など、明らかに経費と認められない支出を経費として計上しており、事業内容から判断して、およそかからないだろうと思われる多額の経費を計上してしまっていたのです。

その申告は、事業内容を把握している人が見れば、明らかに経費が過大となっていることが推測できる内容でした。

税務署側も同業者の申告内容を事前に調べた上で税務調査に臨んでいるはずで、明らかに経費が多いと考えているようでした。

納税者としては1枚1枚領収書をチェックされるよりは、調査が早期に終了するのであればその方がよいと考え、修正申告書提出の提案に応じることとしました。

論点3 事前に否認する項目・金額を決めている

提案を受けた科目を減額する理由、割合について調査官に確認してみたものの、明確な回答は得られませんでした。

調査官の対応からして、おそらく事前に上司である統括官と落としどころを決めていたのだと思われました。

最初から同業者の比率などから適正と思われる所得金額になるよう経費を減額した修正申告書を提出するように勧奨するつもりだったのかもしれません。

減額する経費の項目として交際費、減価償却費、雑費を選択してきた

のは単純に指摘しやすい項目であったことが考えられます。

　交際費については税務調査で指摘を受けやすい項目です。

　事業と直接関係しない食事代等を経費に計上しているケースが多く、一定割合を減額されることが多い科目です。

　減価償却費についても車両等については事業割合が問題とされることが多い項目です。

　この事例では車両の減価償却費を100％経費にしていましたので、一定額を減額するように指摘されました。

　休日にはプライベートでも使用していたため、おおよその割合として20％減額されました。

　もう１つの減額項目である雑費も税務調査では問題視されることが多い項目です。

　雑費は通常はどの項目にも該当しない支出であることから、少額な金額であることが普通です。

　雑費の金額が多額であると経費性を疑われることが多く、税務調査では指摘されやすい項目です。

　この事例でも雑費の金額が他の科目と比べて多額だったことから減額するように言われましたが、経費性が疑わしい支出が多く、一定割合を減額されるケースが多い項目です。

　ある調査では、取引先に対する飲食代など交際費にあたるものを福利厚生費として申告していた事例がありました。

　通常は従業員がいない場合には福利厚生費は認められませんが、内容は交際費にあたるものであったため、経費とすること自体は特に問題ないと思われました。

　他の科目に生活費等と考えられる項目があり、細かくチェックされる

と相当な時間を要すると思われましたが、福利厚生費の否認を受け入れることで、所得金額がほぼ適正と思われる金額になると調査官から告げられました。

福利厚生費の否認を受け入れることで他の細かいチェックを要せず、調査の早期終了につながる可能性があったことから、納税者もこの提案を受け入れることとしました。

調査対応のポイント

① 事業割合など、事実と異なる指摘については主張した方がよいでしょう。

② 税務署から提案を受けた場合には、そのまま受け入れてしまわずに、慎重に判断することが必要です。税務署側にも一定額の許容範囲があるはずで、相談する余地はあるでしょう。

税理士としての対応のポイント

・ 調査官は臨場前に行う同業者比較により、どの程度の所得金額が妥当であるか、おおよそ把握して調査に臨んでいます。すべての資料を確認しつつ、順序だててすすめるのが税務調査の原則ですが、多くの調査を限られた時間でこなす必要から、効率よく進めざるを得ない場合も考えられます。そこで調査官が事前に落としどころを考えて税務調査に臨んでいると考えられるケースもあり、取引内容の把握が容易である場合などは、あまり時間をかけ

すぎず、早期に調査を終了しようと働きかけてくることもあります。経費を一定額減額して修正申告書を提出するよう提案されたことは過去に何度もあります。

・　税理士は、税務署側から提案を受けた場合に、その提案を受けた場合の影響について納税者にしっかり説明し、納税者自身にどうすべきか判断してもらえるように指導しなければいけません。

CASE28　不動産貸付　更正処分　当局対応

指定の日までに修正申告すれば一定額の経費を認めると告げられるケース

　私は不動産貸付による収入について申告期間内に確定申告を行っていましたが、税務調査により経費が多すぎるとの指摘を受けました。

　しかし、この経費に係る調査対応が長引き、9月頃に始まった税務調査は越年する事態となりました。

　すると年明けに、税務署側から1月末までに修正申告書を提出すれば一定額の経費を認めると提案され、この提案を受けることとしました。

　主張していた経費についてなかなか認められてもらえず、長期化していたのですが、ある日突然、一定額の経費を認められることがあるものでしょうか。

論点1　税務調査の目的は適正な課税

　税務調査は適正な納税が行われているかを調べると同時に、税務手続きに係る納税者に対する指導をも目的としています。

仮に経費の領収書やレシート等が一切保存されていなかったとしても、合理的に発生しているだろうと考えられる経費については、税務調査の結果、認めてもらえる場合もあります。

　生活費や貯蓄等の状況から判断して所得があまりに過大であったり、合理的な説明ができなかったり、辻褄が合わないような場合には、なかなか調査が終わりません。

　調査官から「所得、貯蓄、生活費などの辻褄が合わず、上司の承諾を得られない」と言われたこともあります。

　税務署側としても、納税額が増えればよいというわけではないのです。

論点2　税務調査の落としどころ

　しかし、所得金額や貯蓄額、生活費に係る説明の辻褄が合わないからといって、その穴埋めとして、経費などを概算で認めてくれるというわけではありません。

　所得金額が貯蓄等に比して過大であり、整合性の取れる説明が困難なケースがありましたが、だからといって経費について曖昧なものまで認めてもらえるということはありませんでした。

　辻褄が合わず、整合性が取れないからといって、他の費目を大目に見ることで調査を甘くするといったことは通常ありえません。

　しかし、税務署側としても調査を長引かせたくないとの思いはあるようで、いくら納税者の説明の辻褄が合わないからといって、税務署側もいつまでもいたずらに調査を続けるわけにもいきません。

　ご質問のように、長期化の様相を呈した税務調査について、1月末までに修正申告書を提出することと引き換えに、一定額の経費を認めることを提案された事例がありました。

　この事例では、納税者は毎年欠かさず確定申告書を提出していましたが、税務調査により、経費に生活費が多く含まれているとの指摘を受けていました。

　納税者は自分の運営するブログで、本業以外にも購入した商品の紹介や旅行地の紹介、旅先で食べたものについて記事を書いていたことから、これらはすべてブロガーとしての経費である旨主張していました。

　一方、税務署は商品の購入代金や旅費、旅先での食費などの支出は事業に係る直接的に必要な経費とは言えないとして、経費計上を認めないとの指摘を行っていたのです。

　結局、双方が主張を譲らず、税務調査は長引き、年を越すこととなりました。

　年が明け1月も半ばとなったところで、税務署側から上述の提案を受けたのです。税務署側にしてみれば、調査が長期化していることに加え、確定申告期が始まることから早期決着を意図した提案であったと考えられます。

　この調査では元帳をもとに経費が1件ずつチェックされ、経費として認めないもの、一定割合を認めるものを区分した書類が作成されました。

　納税者としては、満額で経費を認められないことについては不満もありましたが、調査対応を一刻も早く終えたいとの思いはあったことから、税務署側の提案を受け入れることにしたのです。

　別の事例でも紹介しましたが、一定額の経費を減額して修正申告すれば、早期に調査を終了するとの提案を受けたこともあります。

　逆に納税者の側から落としどころを提案し、調査が決着したケースもあります。

　税務調査は適正な課税を目的として行われますが、状況によっては妥協的な落としどころにより決着するケースもあります。

① 納税者側で正しいと考える主張のすべてを通すことは難しい局面も出てきます。ある程度の落としどころを模索することが必要となるケースもあるでしょう。

② お互いの言い分が並行線を辿り、長期化する税務調査では、どのように対応することで主張を認めてもらえるか、税務調査対応を早期に終了できるのか、歩み寄り、相談することも必要です。

税理士としての対応のポイント

・ 調査が長期化しそうな場合には、税務署側がなぜ調査を終えられないのか、どうすれば早期終了できるのか、よくその理由を確認する必要があります。その上でどうすれば調査を早期終了できるのか、納税者とよく相談するべきでしょう。

・ 経費としてどうやっても認められないものについてはその理由をよく納税者に説明し、理解してもらう必要があります。経費として主張できるもの、どうしても経費にはできないものについて、納税者の理解を得られるまで根気よく説明しなければなりません。

CHAPTER6

消費税免税点との
兼ね合いで調査を
受けるケース
～仕入税額控除が認めら
れない場合～

消費税の納税義務を免れるために意図的に売上げを1,000万円未満にしているケース

　私は、消費税の納税義務を免れるため、意図的に売上げを1,000万円未満として申告していました。

　実際の売上げが1,000万円を超えていることは把握していたのですが、毎年800万円から900万円台の根拠のない数字により申告をしていました。

　売上げを減額しているため、バランスを考慮して、経費についても減額して申告していました。

　消費税の納税義務を免れていたことが問題であることは承知していますが、このような場合に減額していた経費の取り扱いはどのようになるのでしょうか。

論点1　消費税の免税点

　事業者は国内において行った課税資産の譲渡等について消費税を納める必要があります（消法5①）。

　ただし、その課税期間の基準期間における課税売上高及び特定期間に

おける課税売上高等が1,000万円以下である事業者は、原則としてその課税期間の納税義務が免除されることとされています。

消費税の制度についてあまり詳しくない個人事業者でも、売上げが1,000万円を超えたら消費税を納税する義務が生じることは知っているのではないでしょうか。

論点2　消費税の納税義務に対する知識の有無

消費税の税負担は、事業者にしてみれば負担に感じられるものです。

その負担を免れるために意図的に売上げを1,000万円未満に調整して申告を行うケースは少なからずあるようです。

当然のことながら、税務当局もそのような申告については目を光らせています。

実際、税務調査において「毎年売上げが900万円台でしたので、確認に来ました」と調査官から言われることが何度もありました。

売上げが900万円程度である場合、意図的であるか否かにかかわらず、計算間違いやちょっとした売上げの計上漏れがあるだけで、再計算の結果1,000万円を超えてしまい、消費税の課税事業者となることもあります。

個人事業者などの場合には、よほど大きな事業規模でないかぎり税務調査は受けないと思われがちですが、実際に調査が多いのは売上げ1,000万円未満の売上規模の事業者です。

900万円程度の売上げが数年間続いた場合には、税務調査を受ける可能性が比較的高いと考えておくべきでしょう。

ご質問のケースのように意図的に売上げを1,000万円未満にしていた場合には、所得税と消費税それぞれについて加算税が課される可能性を考慮しなければなりませんし、重加算税の問題も生じます。

所得税については意図的な売上除外とみなされるため、当然のことな
がら重加算税の対象とされます。

　消費税については売上げが1,000万円を超えていなかったことから、
無申告の状態となっているはずです。

　この点について、消費税の事業者免税点制度について事前に知識があ
ったかどうかが問われることとなります。

　消費税に関する税務調査で必ず最初になされる質問は、「売上げが
1,000万円を超えると消費税の納税義務が発生することはご存知でした
か？」というものです。

　知っておきながら意図的にこれを逃れるような行為があったとみなさ
れれば、重加算税の対象とされます。

　売上げを1,000万円未満にしていた理由が、もっぱら所得税の税負担
を減らすためだけであった場合には、消費税については重加算税の対象
とはされない可能性がありますが、なぜ売上げを1,000万円未満として
申告していたのか、理由を詳細に問われることとなるでしょう。

　所得税の税負担を減らすためだけであれば、売上げが1,000万円を超
える年があってもおかしくありませんが、何年も1,000万円未満に調整
していれば、疑いは強まります。

　当然のことながら、意図的であったか否かという点については、質問
に対する回答によるのみならず、総合的な判断が下されることとなり、
いい加減な口実を述べても通用しないことを覚悟すべきです。

論点3　減額していた経費の取り扱い

　売上げを減額している場合には、対応する経費についても減額してい
るケースを見受けます。

売上げを減額しているのに経費だけ正しい金額で申告すると、所得金額が著しく減る結果となることを考慮して、バランス調整を行っているケースが多いようです。

原則として、売上げや経費を意図的に減額している場合には、重加算税の対象とされます。

また、実際に発生していた経費の金額が、税務調査において事後的に認められるかどうかという点について、適正な経費であれば事後的な計上も認められるものと思われます。

所得税については、当初申告において意図的に経費を少なく申告していた場合でも、実際に発生していたとみなされる金額については調査によって経費として認められます。

消費税に関しては、課税仕入れに係る仕入税額控除の適用要件として、帳簿の作成・保存と原始資料の保存が義務付けられています。

ご質問のように正しい数字で申告していない場合には、そもそも帳簿作成を行っていないケースが多いため、消費税の課税仕入れに係る仕入税額控除の適用要件を満たせていないケースが大半です。

領収書等の原始資料が保存されていれば、それをもとに交渉するしかありません。

また、課税仕入れ等の事実を記載した帳簿、請求書等は、帳簿についてはその閉鎖の日、請求書等についてはその受領した日の属する課税期間の末日の翌日から2か月を経過した日から7年間保存することとされています。したがって保存がない場合にはその保存がない課税仕入れ等の税額は仕入税額控除の適用を受けることができません（消法30）。

しかし、実務上の取り扱いとしては、課税仕入れの事実が確認できる書類があれば課税仕入れを認めてもらえるケースもあります。

帳簿がなかったとしても、クレジットカードの明細や通帳など再発行

できるものは再発行して用意することで、仕入税額控除の適用が認められることもあります。

当初の申告で計上していなかった経費でも、原始資料が残されていれば仕入税額控除の適用が認められる場合もあります。

調査対応のポイント

① 売上げが900万円台である場合には、集計誤りがないか、とりわけ慎重に見直しましょう。売上げが実際に900万円台なのであれば、税務調査をいたずらに恐れることはありません。
② 売上除外をしていた場合には速やかに修正申告することを検討すべきでしょう。

税理士としての対応のポイント

・ 個人事業者のなかには売上金額が数千万円規模でないと税務調査を受けないと考えている人も多いようです。しかし実際には売上げが数百万円規模であっても税務調査は行われます。売上金額が300〜400万円の事業者に税務調査が行われることもあります。規模の大小にかかわらず、確定申告書の作成段階から正しく対応するよう指導する必要があります。

・ 売上金額が900万円程度の申告が続くと税務調査の対象となりやすいといえます。実際に1,000万円を超えていることを税務署側で把握しているからというわけではなく、本当に誤りがないか、

確認のための調査が行われるのです。

　実際にあったケースでは、売上金額から外注費を相殺した金額を売上げとして申告していたことがあります。

　納税者に消費税の課税事業者に該当しないように調整するなどという意図はなく、単に入金があってもそのまま外注費として支出してしまうため、自分の取り分はその差額であると認識していたのです。

　他にも売上金額からさまざまな経費等が相殺されて入金され、その入金額を売上金額としていたケースもありました。

　いずれも申告した売上金額は1,000万円未満でしたが、正しく集計すると売上金額は1,000万円を超えてしまい、消費税の課税事業者に該当することとなりました。

　意図的ではないにせよ、納税者の勘違いや認識不足から誤った申告となっている可能性を考慮する必要もあります。

　消費税の課税事業者であることが判明した場合には、速やかに申告書を提出するように指導しましょう。

原始資料の保存がなく消費税の仕入税額控除の適用が一切認められないケース

　私は長年、確定申告書さえ提出すれば、領収書等は保存しなくてもよいものと勘違いしていました。

　そのため確定申告書の提出後に原始資料はすべて破棄してしまっており、税務調査の際には何も資料がない状況でした。

　調査の結果、所得税の必要経費は認められたものの、消費税の課税仕入れに係る仕入税額控除の適用は一切認められない結果となりました。

　所得税では経費を認められたのに、消費税では認められないのはなぜでしょうか。

論点1 　消費税の課税仕入れの要件

　原則として、消費税では、その課税期間に係る基準期間における課税売上高が1,000万円以下の事業者は、納税の義務が免除されます（消法9①、9の2①）。

　消費税の導入から30年以上が経過し、消費税の納税義務について何も

知らないという人は少ないことでしょう。

　事業を営む個人事業者であれば、さほど知識がないにせよ、「売上げが1,000万円を超えると消費税がかかる」という程度のことはご存知かと思います。

　しかし、消費税の課税仕入れに係る仕入税額控除については知識の乏しい個人事業者が多く、売上げが1,000万円を超えると消費税が課されることは理解していても、その具体的な計算方法まで理解している人はまだまだ少ないようです。

　よくある不理解は、売上げに係る消費税額をそのまますべて納めなければならないと考えているケースです。

　所得税や法人税における税額計算において「経費」が認められるのと同様に、消費税の税額計算においても「課税仕入れ」に係る仕入税額控除の適用が認められています。

　消費税の課税制度の詳細については、税理士でさえすべてを正確に把握しきるのは難しいところですが、納めるべき消費税額の大まかな計算方法程度は納税者ご本人も理解しておいた方がよいでしょう。

　大まかにいうと、売上げが1,000万円ある場合に経費が600万円かかっていたならば、利益となる400万円の10％分の消費税額について、納税を要するイメージです。

　しかし、この経費600万円を課税仕入れとして計算上控除するためには、下記の要件を満たす必要があります。

- 　帳簿の作成保存
- 　請求書や領収書等の原始資料の保存

この2つの要件を満たさなければ、課税仕入れの税額を計算上控除す

ることは認められません。

帳簿の作成保存に係る詳細な要件については【CASE29】で説明した
とおりです。

論点2　課税仕入れが認められなかったケース

ご質問と同じような状況で、税務調査により消費税の仕入税額控除の
適用が一切認められなかった事例がありました。

その事例では帳簿は作成していたものの、原始資料を保存していませ
んでした。

納税者は、確定申告書を提出しさえすれば、領収書・請求書等の保存
は不要だと思い込んでおり、申告後にそれらの資料をすべて廃棄してし
まっていたのです。

帳簿は会計ソフトから出力することができましたが、原始資料につい
ては再発行の手続きもしておらず、何ひとつ用意することができません
でした。

税務調査により、帳簿の保存はあるものの、消費税の課税仕入れに係
る仕入税額控除の適用要件である原始資料の保存がないとされ、仕入税
額控除の適用は認められませんでした。

売上金額にそのまま消費税額が課される事態となり、多額の税負担が
生じる結果となりました。

論点3　所得税との違い

上述の税務調査では、所得税に関する調査も同時に進められましたが、
所得税については必要経費が認められました。

同じ経費であっても所得税における必要経費は認められたものの、消費税の課税仕入れに係る仕入税額控除だけが認められない結果となったのです。

所得税の必要経費については合理的・客観的に判断し、発生しているだろうと考えられるものについては経費として認めてもらえます。

必要経費とは、収入を得るために直接必要な売上原価や販売費、管理費その他費用のことをいい、例えば、給与・賃金、地代・家賃、減価償却費などがあります。

なお、家事における経費は必要経費になりませんが、家事上の経費に関連する経費のうち、事業所得を生ずべき業務の遂行上必要である部分を明らかに区分することができる場合のその部分に相当する経費の金額は、必要経費となります。

一方で、消費税については、上述したように帳簿と原始資料の保存が要件とされていることから、要件を満たさなければ仕入税額控除の適用は一切認められません。

何も資料が残されていない場合、税務調査で負担が重くなるのは消費税です。

消費税額計算上の課税仕入れに係る仕入税額控除の適用が一切認められない場合には、その負担は相当なものとなることでしょう。

論点4　支払の事実が確認できるものを用意する

しかし、上述の事例と別の事例では、原始資料の提示のみで課税仕入れに係る仕入税額控除の適用が認められたケースもあります。

この事例では、帳簿の作成・保存も原始資料の保存もありませんでした。

しかし、原始資料については経費の支払をほぼすべてクレジットカードで決済していたこともあり、カードの利用明細を再発行により取得することができました。

　銀行口座から引き落とされていた経費も多く、通帳の記帳履歴から支払の事実を確認することも可能な状況でした。

　この税務調査では、支払の事実について確認できる資料があることを主張した結果、課税仕入れに係る仕入税額控除の適用を認めてもらえました。

　原則論で考えれば帳簿と原始資料の両方が揃っていなければ、課税仕入れに係る仕入税額控除の適用を認めてもらうことはできません。

　帳簿については課税期間の末日の翌日から2か月を経過した日から7年間の保存が必要とされていることから、税務調査の連絡があってから改めて用意し直すことはまず不可能です。

　そのような場合には、せめて原始資料について、支払の事実を確認できる資料を用意することが重要です。

調査対応のポイント

① 　消費税の仕入税額控除の適用を受けるためには帳簿の作成・保存と原始資料の保存は必須要件です。

② 　何も資料が残っていない場合でも、クレジットカードの明細など、再発行可能な資料は用意するべきです。

③ 　消費税の計算方法は複雑なので、簡易課税制度を選択することも検討してみましょう。

税理士としての対応のポイント

・　税務調査で留意すべきは重加算税と消費税に関する対応です。重加算税が課されるとかなりの税負担が生じます。同様に、消費税についても仕入税額控除の適用が認められなければ税負担は相当な金額となります。

　　消費税の仕入税額控除の適用が認められない状況では、原始資料が保存されていないケースも多く、資料を故意に破棄しているとみなされれば重加算税を課せられる可能性もあります。

　　重加算税に加え消費税の仕入税額控除の適用も認められなければ多額の税負担が発生します。消費税の仕入税額控除についてはせめて大きな割合を占める経費について、支払の事実が確認できる資料を提示できるようにしなければいけません。

・　調査官が臨場した際には原則的な取り扱いしか告げられません。「帳簿がなければ課税仕入れに係る仕入税額控除の適用は認めません」「領収書の保存がなければ消費税の負担は重くなります」など、課税仕入れに係る仕入税額控除の適用は認めないことを示唆されるケースは多いでしょう。

　　しかし実際には支払の事実が確認できる資料を提示することで課税仕入れに係る仕入税額控除の適用が認められているケースもあります。

　　用意できるだけの資料を用意し、説明を尽くすよう努めましょう。

調査官が消費税の課税事業者の判定を勘違いしていたケース

私はネット通販を営んでおり、国内での売上げによる収入の他に輸出による売上収入がありました。

国内での売上げは約700万円、輸出による売上げは約1,500万円あり、合計で約2,200万円の売上げについて確定申告を行っていました。

一方で、消費税に関する知識は乏しかったため、消費税については何らの申告も行っていませんでした。

売上金額が1,000万円を超えたため、消費税のことが気になっていたところで、おそらく消費税の申告について指摘されるだろうと予想していましたが、調査官から一旦は消費税の申告は要さないと告げられました。

しかし結局は、消費税についても申告が必要となりました。

税務署の調査官が判断を誤ることもあるのでしょうか。

論点1　個人事業者の消費税の調査

個人事業者の税務調査で主として調べられるのは、所得税と消費税の

申告・納付状況です。

　稀に印紙税に係る調査も行われますが、とりわけ重点的に調査されるのは所得税で、消費税の申告内容についてはそれほど重点的に調べられないケースが多いようです。

　所得税に関する調査で非違や指摘事項等があれば申告内容の数字も変化してきますし、これにより消費税に係る計算結果も変わってくることがありますが、消費税について細かい点まで指摘されたことはほとんどありません。

　消費税の課否判定についても、大半のケースでは青色決算書や収支内訳書の科目に基づいた判断がなされます。

　租税公課は不課税、旅費交通費は課税仕入れといった単純な判定で、細かい点まで追及されることはほとんどありません。

　旅費交通費などの科目経費の中に、軽油引取税などの消費税が対象外となるものが含まれていたりすることもありますが、そこまで詳細に調査されることはごく稀です。

　慶弔費が交際費に含まれている場合、所得税計算上の必要経費への該当性は詳細に内容をチェックされますが、消費税の計算上で不課税であることを指摘されることはほぼありませんでした。

　実際にあったケースでは、お祝い金として毎月5万円を経費計上していて否認されたことがあります。

　相手先を明確に示すことができなかったため、所得税の必要経費から除いて修正申告書を提出するように求められました。

　この納税者は消費税の申告もしており、消費税についてもお祝い金をすべて課税仕入れとして計算していたのですが、消費税については修正申告の話はでませんでした。

　結局、こちらから消費税についても修正申告が必要ではないかと伝え、

調査官に確認してもらいました。

　結果として、消費税についてもお祝い金を課税仕入れから除いて修正申告が必要となる旨を告げられました。

　個人的な印象ですが、消費税の税務調査で重視されるのは、

・　課税事業者に該当するか否かの判定

・　科目による消費税の課否判定

・　原始資料の保存状況

の3つです。

　売上規模が900万円程度である場合には、課税事業者に該当するか否かは慎重に調査したうえで判定されます。

　売上げと経費が相殺されていないか、現金売上がないかどうか、通常口座の他に別口座への入金がないかなど、詳細な調査が行われます。

　材料費等を売上げから相殺して計上したり、消費税の納税義務を免れるために意図的な過少申告をするなど、実際は課税事業者に該当するのに無申告となっているケースは少なくありません。

　消費税に係る調査でもっとも重視されるのは、こうした課税事業者に該当するか否かの判定で、個々の明細に係る消費税の課否判定についてはそこまで詳細に調査されることは少ないように感じます。

　一般的に、課税仕入れに該当しない科目を課税仕入れとして計上している場合を除き、さほど問題とされないケースが多いようです。

　原始資料の保存についてもチェックされます。

　また、消費税の仕入税額控除の適用要件となる原始資料の保存については必ず確認が行われます。

論点2　**輸出売上の取扱いを勘違いしていたと思われるケース**

　消費税において、輸出に係る売上げは免税とされています。

　そのため、売り先に対しても消費税を請求することはありません。

　しかし、免税であるからといって、消費税申告に何ら関係しないというわけではありません。

　とりわけ課税事業者の判定時には注意が必要です。

　ご質問のケースと似た事例で、国内販売の他に輸出販売も行っている納税者に対して税務調査が行われたことがあります。

　国内売上で900万円程度、輸出による売上げが1,200万円程で、合計2,100万円程度の売上げを申告していましたが、消費税については無申告となっていました。

　無申告となっていたのは、消費税に関する知識がなかったことが主たる理由ですが、税務調査が始まった時点で消費税の申告について指摘されることは納税者も予期していました。

　しかし臨場調査により申告した売上げについては問題がないことがわかりましたが、消費税の申告については何の指摘もないまま、調査が進みました。

　調査をいよいよ終えようという段階になっても、調査官から消費税の申告については特に指摘がなされませんでした。

　そこで納税者の方から消費税の申告が必要ではないかと確認してみたところ、調査官から「国内売上が900万円であることは確認済で、特に必要ない」との回答を得ました。

　こうして納税者は消費税の申告については指摘のないまま、調査を終えるものと考えていたところ、土壇場になって調査官から「審理担当部

署より消費税についてももう一度確認するように言われた」という連絡が入ったのです。

　結果的に、本事例は消費税の申告を要することとされました。

　消費税の課税事業者の判定に際し、輸出による売上げを含めた判定を要する点を調査官が見逃していたということのようでした。

　調査官はおよそ新人とは言いがたく、相応の経験を有しているかに見受けましたが、輸出売上に係る消費税の課税事業者の判定について、知識が乏しかったか、勘違いがあったものと考えられます。

　調査官が判断を誤ることもないとはいえず、適否について、疑問を感じること等があれば、よく確認を求めることも必要です。

調査対応のポイント

① 　調査官が判断を誤る場合もあります。時には勘違いや知識不足などあるため、調査官のいう事をそっくり鵜呑みにはせず、疑問がある場合はしっかり確認するようにしましょう。

② 　調査官がその場で非違事項や指摘事項などを判断できない場合や明らかに間違っていると思われる場合には、上長などによく確認してもらうよう要請してもよいでしょう。

税理士としての対応のポイント

・ 　税務調査では調査官の発言が誤っていると思われる場合もあります。発言内容や状況にもよりますが、明らかに誤っていると考えられる場合には、後々問題とならないようにその場で指摘する

ように納税者に指導しましょう。

・　とりわけ、加算税にかかる対応に関しては、誤った取り扱いが
なされそうな場合にはきちんと指摘しておくべきでしょう。重加
算税の要件に当てはまらないのに対象となる旨を告げられた場合
などは、正しく反論しておかないと、納税者が認めたと受け取ら
れかねません。

CHAPTER 7

ネットを利用した
ビジネスへの
当局の調査対応

情報技術専門官が調査に来るケース

インターネットを利用したネットビジネスに対しても税務調査は行われます。

最近では、会社員の副業など、ネットを利用して収入を得るケースが増えており、そのようなネットから得た収入に対して行われる税務調査も増えています。

ネットビジネスについては専門的な訓練を受けた情報技術専門官が調査担当となるケースが多いです。

論点1　ネットビジネスの税務調査

一昔前には、税務署はインターネット関係に疎いと言われていましたが、今ではそんなことはありません。

インターネットを利用した収入についても、以前とは比べ物にならない精度の高い税務調査が行われます。

インターネットを利用したビジネスで収入を得ている方は無申告のケースが多いのですが、当然のことながら、無申告者についても税務調査は行われます。

　ネットオークションやアフィリエイト、Googleアドセンスなどの広告から得られる収入など、インターネット関連ビジネスに対しては、専門的な訓練を受けた情報技術専門官が調査に当たることも増えました。

　といっても、インターネット関連ビジネスの調査すべてに当たれるほど情報技術専門官がいるわけではありません。

　情報技術専門官は東京でも数か所、埼玉や千葉は1か所に配属されている程度で、管轄に関係なく広域で対応しているようです。

　したがって、異なる税務調査で同じ調査官が担当となったことも何度かあります。

　情報技術専門官はインターネット関係を専門にしているだけあって、情報技術リテラシーは高く、経験も知識も豊富です。

　情報技術専門官ではない調査官が担当していた税務調査で、パソコン上のデータが閲覧できなくなってしまったことがあります。

　必要な帳簿関係を印刷しておらず、パソコンにデータとして保存してあるだけでしたので、パソコンが確認できないと調査が進まない状況でした。

　調査官はパソコンに疎く、対応策がない状況だったのですが、たまたま近くで別の税務調査をしていた情報技術専門官を呼ぶことになりました。

　納税者の許可を得たうえで情報技術専門官がパソコンを確認したところ、意図せずデータを削除してしまっていたことが判明しました。

　データ復元ソフトによりデータは無事復旧し、事なきを得ました。

　このように、情報技術専門官は直接自身が担当しない税務調査にも、パソコン等のトラブルがあった際に駆け付けることがあります。

　実際に情報技術専門官が臨場したケースとしては、ヤフオク！を利用した物品販売業、楽天サイトなどを利用したチケット・コンテンツ販売

業、サイト上での広告業、アフィリエイト収入などに対する税務調査なextapolどのケースがあります。

論点 2　情報技術専門官について

　情報技術専門官はすべての税務署に配置されているわけではないため、管轄の税務署の調査官の補助的な位置づけで調査に同行してくることもあります。

　実際にあったケースでは、別の署の情報技術専門官と管轄の税務署の調査官が一緒に税務調査に臨場したこともあります。

　このような場合には、修正申告書や届出書等の提出は、管轄となる税務署にて手続きを行うこととなります。

　管轄の税務署の調査官と情報技術専門官が共同で調査を進める場合、情報技術専門官は補佐的な位置付けとなることが多く、納税者は管轄の調査官と話を進めていくケースが多くなります。

　このような場合、税理士が税務代理権限証書を提出する先も管轄の税務署となります。

　また、情報技術専門官単独で税務調査に臨む場合には、納税者は管轄を問わず、臨場した情報技術専門官と調査対応を進めていくことになります。

論点 3　情報技術専門官の調査

　情報技術専門官による税務調査も、通常の調査手順と何ら変わりはありません。

　事前通知があってから、調査官が臨場して調査が行われます。

通常の調査と同様、税務調査の目的は適正な申告を確認することです。通常の税務調査と異なる点としては以下のような点が挙げられます。

- 書面よりデータによる確認が多く求められる
- パソコン上のデータの確認が必ず行われる
- ネットサービスの管理画面等からサービスの利用状況の確認が行われる
- 調査官が調査の前段階で事前に情報を得ているケースが多い
- データや書類の作成日時の確認が行われる

情報技術専門官が臨場するのはインターネットを利用した取引がある場合などです。

インターネットを利用した取引では何かしらのデータが残されていることが多いため、納税者が使用するパソコンに対する調査が行われます。

最近では一般の税務調査でもパソコン上のデータを証拠として採取されるケースも出てきましたが、現状では紙などのアナログな資料の提出を求められることの方がまだ多いようです。

一方、情報技術専門官は紙などのアナログな資料より、ExcelやPDFなどの電子データによる資料の提出を求めてきます。

パソコン上のデータで確認される頻度が高いのは、各種ネットサービスの利用状況、Excel等の集計データ、メールの履歴、パソコンの操作履歴などです。

情報技術専門官がデータを持ち帰る際には必ずデータを暗号化します。万が一紛失した場合に備え、データを開けられないようにするためです。

Windowsであれば問題なく暗号化できますが、Macの場合にはうまく暗号化できないことがあるようです。

CHAPTER7 ネットを利用したビジネスへの当局の調査対応

179

納税者がMacを使用しており、データがうまく暗号化ができず、情報技術専門官が何度も税務署に手順を確認する電話をしていたこともありました。

　また、銀行口座の情報をCSV形式でデータ提供するよう求められたこともありました。

　電子データは削除や修正が容易であることから、納税者本人の承諾を得た上で、データ復元ソフト等を使用して、納税者が削除したり修正したデータの履歴が確認されることもあります。

　また、情報技術専門官は事前に銀行取引の状況やネット取引のサービス事業者からの情報、アフィリエイトサービスはどこを使っているのかなど、ある程度の情報を得てから調査に臨んできます。

　ヤフオク！の登録IDなど、納税者本人すら忘れていたような情報を把握していることさえありました。

　メール等のやり取りを確認されることもありますが、調査の進め方が少し違うだけで、基本的には通常の税務調査と変わりません。

調査対応のポイント

① 　インターネットで行う取引については、取引データなど、履歴をなるべく保存しておきましょう。画面のスクリーンショット等も必要に応じて保存しておくとよいでしょう。

② 　データを改ざん、削除しても、さまざまな方法で調べが付くものです。そのような行為は慎むべきです。

税理士としての対応のポイント

・　情報技術専門官による税務調査だからといって、通常の税務調査と基本的に変わりはなく、特別な対応を要するわけではありません。しかし一方で、情報技術専門官による調査は通常の税務調査と比べて細かいところまで調べる印象があります。

　私の経験上、最も長期化した税務調査は1年近くかかりましたが、それは情報技術専門官による調査でした。通常の調査であれば少額の取引については大勢に影響がないことから細かく指摘を受けることはほとんどありませんが、情報技術専門官による調査の場合には、細かい部分の指摘を受けることも少なくありません。

・　情報技術専門官は事前に情報を得てきているケースが多いです。したがって、税理士も納税者から事前に十分な聞き取りを行い、どのような取引をしているのか、よく把握しておくべきです。

　調査時に情報技術専門官から思いもよらない事実を告げられると、十分な対応が取れない場合もあります。情報技術専門官による調査では、必ずパソコンが確認されます。パソコンをどのような用途で使用しているのか、どのようなデータがあるのか、利用しているネットサービスの管理画面などをすぐに提示できるように指導しておく必要があります。

・　情報技術専門官による調査はネットビジネスに対するものが中心です。事業内容がわからないと税務調査対応が難しくなることはネットビジネスであっても同様で、ビジネスの内容を理解していないと情報技術専門官とのやり取りは困難です。税理士もネットビジネスについてある程度の知識は必要です。

個人住民税について事実と異なる申告をしたことから重加算税を課されるケース

　私は大学卒業後、アルバイト生活をしていましたが、ヤフオク！を利用したバイクのパーツ販売で自活できるようになり、アルバイトをやめてヤフオク！による収入だけで生計を立てていました。

　確定申告はしておらず、市役所からの個人住民税申告の案内に対しては父親の扶養に入っているとして、毎年無収入として申告を行っていました。

　税務調査により、収入がありながら個人住民税の申告で無収入と虚偽の申告をしていたとして、重加算税が課されてしまいました。

　所得税の調査であるのに個人住民税の申告状況が問題となることがあるのでしょうか。

論点1　個人住民税の申告義務

　近年ではネットを利用した副業などにより収入を得ている人も増えてきています。

　ネット上でのオークションやアフィリエイトによる広告収入など、会

社員が給与以外の収入を得るためにさまざまな活動をしています。

中には本業の収入を超える収入を得て、副業による収入だけで生活していけるほどの規模になっているケースもあります。

給与以外の収入がある場合、確定申告が必要となるケースもありますが、無申告のままであるケースが圧倒的に多いようです。

副業による収入が増え、会社を退職して副業を本業とするようになっても無申告のままといったケースも少なくありません。

ネットから得た収入を無申告としている方はいまだに多いという現実があります。

恣意的なケースもありますが、一部には誤った情報を鵜呑みにしてしまっているケースもあります。

アフィリエイトサービスを仲介するASP事業者などが確定申告の必要性を周知する仕組みなどはあるものの、「20万円以下なら申告不要」と勝手な思い込みで判断し、無申告となってしまっているケースもあるようです。

ネット上では「20万円以下の所得なら申告不要」との情報を散見しますが、それは所得税についてのみいえることです。

個人住民税については所得が20万円以下であっても申告が必要となります。

給与等の収入金額が2,000万円以下である給与所得者は、1か所から給与等の支払を受けており、その給与について源泉徴収や年末調整が行われる場合において、給与所得及び退職所得以外の所得金額の合計額が20万円以下であるときは、原則として確定申告を要しないこととされています。（所法121）。

給与所得以外に一時所得がある場合には、一時所得の金額を2分の1した後の金額で確定申告の必要性を判定します（所基通121－6）。

論点 2　個人住民税を虚偽申告

　所得税の確定申告をしていないと、市区町村から個人住民税の申告用紙が送られてきます。

　しかし、収入がない、あるいは親の扶養に入っている等と回答すれば個人住民税が課されないと考えて、実際はネット等を利用した収入があるにもかかわらず、虚偽の申告をしてしまうケースは少なくないようです。

　所得税の確定申告を行っていない場合、収入や経費をしっかり集計・管理していることは稀であり、個人住民税の申告を正確に行うことは難しいでしょう。

　だからといって、不正確であってもひとまず申告するということもなく、まったく収入がないと申告してしまったのでは、明らかな虚偽申告とみなされてしまいます。

　実際にあった事例では、納税者は給与所得がなく、ヤフオク！で日用品の販売をしており、これを本業として生計を立てていました。

　納税者自身も申告義務については把握しており、領収書などの原始資料はすべて保存していたのですが、申告方法がわからず、無申告のままとなっていました。

　個人住民税についても区役所から通知が届いたことから、何かしら返信しなければと考え、事実とは違うとわかっていながら無収入で親の扶養に入っているとして、区役所に個人住民税の申告書を提出していました。

　申告の方法がわからない場合には虚偽の申告をするのではなく、税務署や税理士に相談し、正しい申告をするべきだったでしょう。

論点3　個人住民税の申告状況も調査される

　税務調査では、個人住民税の申告状況も調査されることとなります。

　実際、事前に個人住民税の申告内容が把握されているケースが何度かありました。

　税務署に所得税の確定申告書を提出しておらず、無申告の状態のまま、個人住民税については収入なしとして申告を行っているケースです。

　このことについて調査時に、「実際は収入があったにもかかわらず、個人住民税の申告において収入なしとしていた理由」を聞かれたことがあります。

　納税者側からは個人住民税の申告について何も触れていない段階で、すでに申告状況を把握されていたわけです。

　別の事例では、納税者が個人住民税の申告だけを行えばよいものと勘違いしているケースがあり、納税者は売上げや経費を正確に集計し、個人住民税の申告書に記載していました。

　本人はこれにより申告義務を果たしていると思い込んでいたのですが、所得税については無申告となってしまっていました。

　この事例では、個人住民税の申告書に記載された売上げや経費の計算根拠を問われましたが、帳簿を作成しておらず、領収書などの原始資料を集計していたわけでもないため、適当な数字を記載して所得を少なくみせていたとして重加算税の対象とされました。

① 税務調査では個人住民税の申告内容についても調査が行われます。税務調査の前に申告状況を把握しておくように努めましょう。

② 所得金額が20万円以下で申告不要とされるのは、給与所得者である場合の給与所得以外の所得に係る所得税についてのみである点に注意が必要です。

③ 個人住民税の申告についても虚偽の申告をすると重加算税の対象とされてしまうこともあるため、注意が必要です。

税理士としての対応のポイント

・ 税務調査では調査官が臨場前にある程度の情報を得ていることがあります。無申告者に対する調査では、前もって住民税の申告状況も確認されていることがあります。

　納税者本人も記憶していないような情報を得ていることもあり、虚偽の回答をしないように指導しておかなければなりません。納税者が個人住民税のみ申告している場合には、調査時に必ず理由を聞かれます。どのような経緯や理由から個人住民税についてのみ申告したのか、納税者によく確認しておく必要があります。

・ 個人住民税の申告については市区町村の役所より申告様式が送付されてくることがあります。所得税の確定申告書の提出がない場合や給与支払報告書の提出がない場合など、収入が確認できない場合に個人住民税の申告様式が送付されてきます。納税者も直

接様式が送付されてくると提出しなければいけないものと考え、何かしらの回答をする必要から提出していることが多いようです。

　売上金額や経費を正しく集計して申告していればよいのですが、「収入なし」や「誰かの扶養に入っていた」などと偽りの回答をすれば、虚偽の申告となってしまいます。

　無申告である場合の税務調査の調査期間は5年間とされることが多いのですが、個人住民税の申告を虚偽の内容で申告している場合には、収入があるにもかかわらずこれを隠そうとしていたと判断され、調査期間が7年間になってしまうこともあり得ます。

　税務調査に際しては、事前に個人住民税の申告状況やその他の税務関係について手続きをしているものがあるか、納税者によく確認しておく必要があります。

PayPal等に入金された売上げが申告漏れとなっているケース

　私は副業でアフィリエイトをしており、アフィリエイト事業者（以下、「ASP事業者」）が提供するサービスの管理画面で確認可能なアフィリエイト報酬についてのみ、確定申告を行っていました。

　しかし実際には、アフィリエイトコンテンツを販売した後に、そのアフターサービスを行った対価報酬がオンライン決済サービス経由で入金されていました。

　銀行口座以外のオンライン決済サービスなどに入金された売上げも税務調査で把握されることがあるものなのでしょうか。

論点1　副業の税務調査

　近年は給与収入を得ている会社員が副業により収入を得ているケースも増えてきました。

　無申告となっているケースや「副業を赤字にして節税」といったインターネット情報を鵜呑みにして誤った申告をしているケースも少なくありません。

　税務署側もそうした給与所得者の手がける副業に対する税務調査を強化してきています。

　アフィリエイト等の広告や物品販売など、ネットを利用して収入を得ている者に対しては、情報技術専門官などの専門知識や技術を有する調査官が対応するケースも増えてきました。

　インターネットを利用した副業の税務調査で頻繁に指摘されるケースとしては、副業を赤字にして他の所得と相殺している、極端に所得が少ない、無申告などの事例が挙げられます。

　確定申告書を提出していても極端に所得が少なくなっているケースもかなり多いです。

　インターネットを利用した副業の場合には、通常それほど経費がかかりません。

　物品販売であれば仕入れ等で大きな経費がかかりますが、アフィリエイト等であればほとんど経費がかかりません。

　アフィリエイト等で極端に少ない所得で申告されている場合には、家事費が必要経費に算入されているなどが疑われ、税務調査を受けることも多くなります。

論点2　PayPalの売上げを申告していなかった事例

　副業により収入を得ている場合には、原則として確定申告が必要となります。

　アフィリエイトサービスを提供するASP事業者等が、サービス利用者に対し、ネット上で収入を得た場合、確定申告が必要となる旨を周知していますが、まだまだ無申告である者が多いのが実情です。

　無申告となっている者に共通して言えることは、確定申告に対する意

識が低く、自分だけは無申告でもバレないと考えていることです。

　ネット上の収入は捉えにくいと考えている納税者は多いようですが、ネットから得られる収入に対する税務調査では、実際のところ、本気で調べればたいていの事は調べがつきます。

　ご質問のようなケースで実際にあった事例では、ネット上で得た収入の一部だけを申告していました。

　アフィリエイトサービスを利用している場合には、ASP事業者が提供している管理画面を確認することで、１年分の収入などすぐに調べられます。

　こうしたサービスを利用している場合、自分で集計する手間も省けますし、管理画面で集計された数字を収入として申告しておけば、ほぼ問題ありません。

　ネット上でコンテンツ販売を行っていた納税者は、ASP事業者の提供する管理画面上で集計した数字を収入として申告していました。

　税務調査では、管理画面を確認し、集計数字が申告内容と一致していることから特に問題はないように思われたのですが、その後銀行口座の入金状況を確認をしたところ、PayPalからの入金があることが判明したのです。

　この納税者は情報商材をコンテンツ販売し、アフィリエイト収入を得るとともに、このコンテンツ販売の他にコンテンツ販売後のアフターフォローによる報酬を得ており、その対価報酬をPayPalで受け取っていました。

　情報商材を販売した後に実際の運用方法などをサポートする報酬を得ており、その収入をコンテンツ販売のアフィリエイト収入が入金される口座とは別にして、オンライン決済サービスを経由して支払を受け取っ

ていたのです。

　納税者はその収入を把握していたものの、調査で判明することはないものと高を括り、申告していなかったのです。

　税務調査の結果、オンライン決済サービスから銀行口座に入金された履歴があったことから、その利用が明らかとなりました。

　コンテンツ販売後のアフターフォローによる収入の計上が漏れていたのですが、収入だけでなく必要経費も算入していませんでした。

　アフターフォローで客先に出向いた際の交通費や打ち合わせ費用などが発生していたのですが、必要経費にしていなかったのです。

　この事例では収入と経費の両方について修正が必要となりました。

論点3　Yahoo!ウォレットに入金された収入が漏れていた事例

　別の事例では、ヤフオク！で収入を得ていた納税者がYahoo!ウォレットに入金された収入を申告していませんでした。

　Yahoo!ウォレットはインターネット上に作られた「財布」を意味し、ヤフーのサービスなどの支払等の決済や入金の受取口座としても利用できます。

　このインターネット上の財布にオークションでの売上げによる収入の履歴が残されており、申告漏れが判明したケースです。

　銀行口座ではYahoo!ウォレットとの取引はありませんでしたが、本事例では取引履歴から取引の実態が判明しました。

　ヤフオク！の取引履歴は一定期間分しか保存されていません。

　税務調査の際に過去数年分の履歴を確認しようと思っても、データが保存されていないため確認が困難となります。

　ただヤフオク！の「評価」の履歴は過去の記録も残っているため、何

件の取引があったのかは類推把握することが可能です。

　この事例も過去の取引履歴は残っていなかったのですが、評価の履歴を確認することで、取引件数を把握することができました。

　その結果、取引した件数と入金件数が一致していないことが判明し、取引件数に対して入金件数が少ないことから、別口座にも入金があるのではないかと疑われたのです。

　この納税者は落札代金をYahoo!ウォレットに残したままで、銀行口座への入金件数が少なく、オークションに出品した商品の落札記録があるものの、銀行口座に入金がないことからYahoo!ウォレットに入金されていることが判明したのです。

　ネットによる取引は何かしらの記録がデータとして残るため、そこから取引の実態などが判明することもあるわけです。

調査対応のポイント

① 　ネットを利用して収入を得ている場合、何かしらの記録データが残るため、そこから売上げの計上漏れが判明することがあります。

② 　通帳の入金記録だけでなく、取引履歴の保存も必要です。

③ 　ネットビジネスの調査を専門とする調査官も増えています。ネット上で得た収入は把握されないだろうなどと考えず、適切な申告を心がけましょう。

税理士としての対応のポイント

・　近年ではPayPalやYahoo!ウォレットのような銀行口座以外の
手段により入金を受けるケースも増えてきました。まだ件数は少
ないものの、二次元バーコード決済を利用するケースもでてきま
した。従来のまま銀行口座の入金履歴だけを確認していたのでは、
売上げの計上漏れが生じる恐れがあるため、納税者の取引履歴を
よく確認することが重要です。

・　ネットビジネスによる取引では何かしらのデータが残されてい
ることが多く、銀行口座の入金履歴だけでなく、取引履歴との突
き合わせも行うべきでしょう。

　取引履歴が保存されていない場合でも、利用者の「評価」を確
認することで取引件数を確認できる場合もあります。取引と入金
の件数が一致しているか確認していれば、売上げの計上漏れを防
ぐことができるでしょう。

　昨今では現金や銀行口座以外の決済手段が浸透しつつあること
も理解しておかねばなりません。

売上伝票を作成していたが単価を書き換えていたことがホームページの料金表から判明するケース

　私は皮フ科を営んでいますが、マスコミで取り上げられたことをきっかけに患者が急増し、半年先まで予約が埋まるような状況になりました。

　予約も受けられないほどの状況を改善すべく、単価を引き上げましたが、受診を希望する患者が減ることはありませんでした。

　この盛況で売上げが急激に増えたことで納付税額が多大となることに不安を覚え、売上伝票へは実際と異なる引き上げ前の単価を記入していました。

　税務調査では実際のサービス単価との違いまで、具体的な調べを受けるのでしょうか。

論点1　売上内容に関する確認は最も手厳しい

　税務調査では、申告内容の基となる売上げの確認が最も重視されます。

　1円に至るまで確認を求められる、と言っても過言ではありません。

売上げに関係する原始資料に限らず、あらゆる関係資料が確認されると考えておくべきです。

請求書や納品書、注文書、契約書、領収書、伝票など、保存されている資料はすべて調査されます。

場合によっては出面帳やスケジュール帳に至るまで、事実関係の確認が求められます。

スケジュール帳に記載された現場名とすべての請求書を突き合わせ、売上げの計上漏れがないかといったことまでチェックされたこともあります。

売上げに対する調査は細部に至るまで、最も厳密に行われます。

消費税の納税義務の確認のために売上げから相殺されているものの有無も確認が行われます。相殺の有無については通帳の入金額だけではわからないため、請求書なども確認されます。

論点2　売上伝票の単価書き換え

最近の税務調査では、事前に納税者のホームページやブログ、SNSなどを確認してくるケースが増えています。

どのようなサービスを提供しているのか、料金体系や営業時間などさまざまな情報をネットから得ているのです。

実際にあった事例では、ホームページに掲載していた料金表と申告内容の相違から、売上げの計上漏れを指摘されたことがあります。

この事例では、SNSでの口コミによる書き込みをきっかけに予約が殺到する事態となりました。

予約が途切れず、納税者は休みも取らずに対応したため過労に陥り、やむなく単価を上げることで客数を減らそうと考えたとのことです。

しかし単価を上げても予約が減ることはなく、売上げは急激に増加していったため、納税者は税額が跳ね上がることを懸念し、売上げを減額して申告してしまったのです。

　レジ等は使用しておらず、売上げはすべて現金で受け取っていたため、保存していた予約表をもとにして売上伝票を作成していました。

　そして売上伝票作成時には、値上げする前の単価で計算していたのです。

　税務署には値上げ前の料金表を提示していましたし、売上げが確認できる原始資料は売上伝票しか残していませんでしたので、単価の相違を指摘されることはないと考えていたようです。

　現金で受領した売上金額は通常は通帳に入金しますので、その入金額や生活費、貯蓄等などから判断して、整合性が取れず、不審に思われる可能性があり、売上げの計上漏れ等が疑われることとなります。

　本事例でも通帳に入金していた現金売上の金額が生活費や貯蓄額から想定しうる金額に比べて少なかったことから、売上金額については最後まで執拗に調べられることとなりました。

　売上げがわかる資料としては納税者が作成していた伝票しかありませんでしたが、予約表やカルテまで確認されました。

　予約表により件数を、カルテにより施術内容を確認することで売上金額を把握しようとしていたのです。

論点3　ホームページの料金表により売上げの計上漏れが判明

　上述の事例では税務署が納税者のホームページを確認して値上げ後の料金表の存在を確認したことで、結果的に売上げの計上漏れを指摘されることとなりました。

　ホームページは利用者に対して提供するサービスの料金等、正確な記載が求められるため、偽ることができません。

　料金体系がいつから変わったかということも、ホームページの更新履歴等から把握することが可能です。

　ホームページを確認された後、実際に使用しているパソコンでホームページの更新の方法や更新履歴にいたるまで、更新画面により確認を求められました。

　納税者の手許に保管されていた予約表から、値上げ後の単価に基づき計算し直した売上げに係る計上漏れについて、修正申告する結果となりました。

論点4　事前に把握してくることもある

　ご質問のようなケースでも、税務調査の過程において、売上金額や生活費、資産状況等のバランスを検討した結果、不審な点があると判断されれば、より詳細な調査が行われることとなり、ホームページに掲載した情報も丹念に調べられる可能性もあります。

　実際にあった事例では、事前にホームページやブログの確認が済まされており、ホームページに掲載していたサービスメニューをプリントアウトして持参したうえで、事業概況の聞き取りが行われ、記録を取られたケースもあります。

　調査官は調査に立ち会う税理士の情報も事前にホームページなどで確認してきています。

　かくいう私もホームページやブログで情報発信していますが、それらを調査官は必ず確認してきています。

　ホームページやブログを利用して情報発信することが当たり前となっ

ている昨今、税務署もこれらの情報を必ずチェックしていると考えるべきでしょう。

調査対応のポイント

① ホームページやブログ、SNS で発信した情報は調査官もチェックしています。事実と異なる申告内容について、ネット上の情報から判明することは少なくありません。
② 税務調査を考えると、ネット上で派手な私生活をアピールしないほうがよいなどと言われますが、適正な申告をしていれば問題ありません。

税理士としての対応のポイント

・納税者のホームページ等からサービス内容や料金体系を確認し、売上げの計上漏れとなっている項目がないか、計上されている売上金額に誤りがある場合にはその原因を把握しておく必要があります。YouTubeにアップした動画から税務署に事業内容を把握されている場合もあるため、税理士としても最低限、同様の情報を確認しておくべきです。

CASE36

ブログなどからの広告収入

副業　ネット収入　経費　情報技術専門官

自分で収支計算をしていたのに一部が無申告であるケース

　私は会社員ですが、副業としてブログから広告収入を得ていました。また、このブログのアクセス数を増やすために広告費を支払っています。

　この広告費の効果を測定する必要から、自分で損益を計算しており、収益がでていることも把握していましたが、その収入の一部について無申告の状態となっていました。

　税務調査ではどのようなことが調べられるのでしょうか。

論点1　副業のネットビジネス

　近年ではネットを活用して収益を得ることが容易となり、会社員でも副業としてネットビジネスを行う人が増えてきました。

　ネットビジネスは参入障壁が低い分、競合者も多いため、片手間でやっている程度ではなかなか収入が増えません。

　ネットビジネスではGoogleなどの検索エンジンによる表示順位が重要で、上位に表示されるためにさまざまな工夫が必要です。

自身のホームページやブログなどが検索結果の上位に表示されれば閲覧数が増え、自身のサービスを購入してもらえる機会が増えますし、Googleアドセンスなどの広告表示による広告収入を得ることも可能となります。

　そのため、ホームページやブログを上位表示させるためのSEO（検索エンジン最適化）対策を売り物とする業者もたくさん存在します。

　納税者自身でこうした対策を講じるのはなかなか大変であることから、手っ取り早く広告費を支払って対策するケースもあるようです。

論点2　自分以外の名義を使用して得た収益

　ご質問のケースと同様に、副業でブログから広告収入を得ている納税者に対して行われた税務調査がありました。

　この納税者は会社員としての給与収入のほかに、Googleアドセンスを利用した広告収入がありました。

　広告収入だけで毎月数十万円の収入がありましたが、広告費の支払も生じていました。

　自身のサイトを上位表示させるためリスティング広告を利用しており、その費用は高額なものでした。

　納税者はこの広告費の効果を測定するため、運営している複数のサイトそれぞれについて、個別にExcelで広告収入と広告費の収支管理を行っていました。

　これにより、どのサイトでどのような広告の効果が高いかといったことなどを検証していたのです。

　納税者が利用していたサービスでは一人の名義で取得できるIDの数が限られており、複数運営するサイトを個別管理するためには納税者自身

の名義だけではIDが足りなかったため、親の名義によるIDも取得していました。

この親名義のIDで運営するサイトについても他のサイト同様、Excelで収支管理を行っていました。

しかし、確定申告時にはこのExcelによる集計は利用せず、通帳の入出金履歴に基づいて収支計算を行っていたのです。

その際に納税者は自分の通帳しか確認していなかったため、親名義の口座への入金分を申告していなかったのです。

税務調査を受け、この点が問題視されました。

論点3　意図的な売上げ除外か

この税務調査に当たった担当者は、IT調査に係る専門的な訓練を受けた情報技術専門官でした。

当然、納税者の保有するパソコン上のあらゆるデータが確認され、広告収入と広告費を管理していたExcelについても内容を把握されました。

親名義の収入についてもExcelの収支管理により把握していたにもかかわらず、確定申告で計上が漏れていたのは意図的だと判断されました。

当初、この事例では重加算税の対象になる可能性があると告げられていたものの、結果的には重加算税は課されませんでした。

納税者はGoogleアドセンスの管理画面で確認できる数字をもとにExcelへ売上げを入力していましたが、確定申告書に記載した売上げは通帳の入金ベースで計算していたため、期ズレが発生していました。

期ズレの修正は必要であったものの、このことから、通帳を確認しながら収入を計算していた事実は確認されました。

さらに、親名義のIDに係る売上げについては、広告収入の計上のみな

らず、広告費の計上も漏れていたことに加え、差し引き収支による利益も少額であったことなどから、意図的に除外していたとまでは判断できないとして、最終的に重加算税の対象とされなかったのです。

　どのような税務調査でも、すべての収入及びそれに伴う費用について、たとえ給与所得者の副業収入であろうと、通常の税務調査と同様の調査が行われることに変わりはありません。

調査対応のポイント

① 　収入や経費の確認は通帳での入出金履歴に限らず、可能であればサイトの管理画面等による確認が必要です。
② 　たとえ身内であっても自分以外の名義を使用して得た収益がある場合には、そのようにした理由などをきちんと説明できるようにしておきましょう。

税理士としての対応のポイント

・　納税者がExcelなどで収支を集計しているにもかかわらず、確定申告に際しては通帳の入金額を別途計算し直すなど、特異な方法で申告しているケースがあります。確定申告においては通常の収支計算とは別途計算を要するものと勘違いしているケースもあるようですが、日常的に収支計算を行っているにもかかわらず、それとは異なる方法で行った計算による申告での計上漏れがあるのであれば、それは意図したものだと判断されてもおかしくありません。

ネットビジネス（ブログやア
フィリエイト運営）

副業　事前調査　ネット収入

YouTubeなどネット上での活動から所得を得ていることを把握されるケース

　私はYouTube などを利用してインターネット上で動画等を配信し、コンテンツ販売も行っていますが、その売上げを申告していませんでした。

　動画配信で集めた客からブログ運用のコンサルタント報酬を受け取ったり、アフィリエイトの具体的な方法を説明するコンテンツを販売したことによる収入を得ていたことを税務署から指摘されました。

　税務調査の際にかなり詳しくコンテンツの内容を把握されていたのですが、税務調査ではYouTube等も確認しているのでしょうか。

論点1　ネットビジネスに対する税務調査

　近年は働き方改革が進展し、新しい働き方を模索する人が増え、インターネットを利用した副業により収入を得ている会社員なども増えています。

副業に係る確定申告に関する情報も増え、申告をする人も増えてきましたが、まだまだ無申告者が多いのが実情です。

　税務署側も副業に対する税務調査を積極的に行うようになり、ネットビジネスについては専門的な訓練を施された情報技術専門官が対応することも増えています。

　税務署側もネットビジネスを行っている者に無申告者が多い実態を把握しており、さまざまな情報源を活用し、活発な調査を行っています。

論点2　YouTubeの活動から収入を把握

　YouTubeでの活動から収入を得ていることが把握された事例は少なくありません。

　実際にあった事例では、YouTubeを利用してヨガやフィットネスの動画を配信し、そこで集めた客に対し、マンツーマンのトレーニングやコンテンツを販売している事例がありました。

　YouTubeで公開している動画に広告を貼ることで、僅かな広告収入を得ており、この広告収入のみであれば、経費等を考慮すると申告不要となる可能性もありました。

　しかし、問題とされたのは、YouTubeで配信する動画の視聴者に対して施したマンツーマントレーニングに対する報酬や、トレーニングの方法などを録画したCDなどのコンテンツ販売により得ていた収入でした。

　税務署側は事前にこうしたサービス提供の実態やコンテンツ販売について把握したうえで税務調査に臨んだのです。

　臨場前に銀行調査も行われており、無申告であったことから、相応の収入があるだろうということも把握されていました。

事業概況の聞き取りを行わずとも、ほぼすべての活動内容や収入の種類が把握されていました。

先の事例で紹介したとおり、申告している売上げの単価がホームページに記載している金額と異なっていたところから売上げの計上漏れが指摘されたこともあり、税務署の調査官はホームページなど、インターネットからも情報を得ているのです。

論点3　領収書の内容もネットで検索

繰り返しとなりますが、今では税務署もIT技術を駆使してインターネット上の取引に対する調査を行ってきます。

ある事例では「お品代　○○商事」としか書かれておらず、内容が把握できない領収書について、納税者は仕事で使う道具を買ったと説明していたところ、調査官はインターネットでお店の名前や電話番号を調べ、領収書の発行主が風俗店であることを突き止めました。

調査官に「スマホをお持ちでしたら、○○を検索してみてください」と言われ、納税者が言われるままに検索したところ、風俗店が表示されたというわけです。

もちろん、この経費は否認されました。

また別の事例では、通帳に入金された金額が売上げかどうかわからないケースがありました。

納税者の取引先が多岐にわたり、単発の仕事も多かったことから、納税者自身も入金内容について記憶がなかったのです。

入金記録の情報を基にインターネットで検索してみたところ、入金元はスマホの買取店であることがわかりました。納税者は実際にスマホを売却しており、その代金が振り込まれていたのです。

この事例では、その場で調査官にスマホの検索結果を提示することで、事なきを得ました。

最近の税務調査ではインターネットを活用した調査が行われるケースが増えていることを頭に入れておくべきでしょう。

調査対応のポイント

① SNSなどを確認されることもありますが、正しく申告していれば恐れることはありません。しかし、ネット上に掲出した情報と実際の事実が異なる場合などは、なぜ相違しているかを説明できるようにしておくべきです。

② ネット上の情報は税務当局にすべて把握されていると考えておくべきでしょう。

税理士としての対応のポイント

・ 納税者の事業内容にかかるインターネット上の情報は必ず確認しておくべきです。税務署もSNSやブログなどで納税者の事業内容に係る情報を得ており、調査の過程でそれらの内容に話が及ぶこともあります。とりわけネットを活用した事業を展開している納税者については、ネット上で得られる情報と申告内容との間に齟齬がないか、よく確認しておかなければいけません。

CHAPTER8

調査に対応する当事者及び当局の特殊な状況

納税者の有する事情により本人と会わずに調査が終了するケース

　私は翻訳業を営んでおりますが、開業以来ずっと無申告だったため、税務調査を受けることとなりましたが、あることがきっかけで心療内科に通っており、他人と対面して会話することが難しい状況にあります。

　税務調査には本人が必ず立ち会わなければいけないのでしょうか。

論点1　本人の立ち会いが必要

　原則として税務調査には納税者本人の立ち会いが必要です。

　たとえ確定申告書の作成を税理士や配偶者等が行っていたとしても、税務調査では本人への聞き取りが必要となるからです。

　もちろん納税者から税務代理の依頼を受けた税理士が税務代理権限証書を所轄官署へ提出してあれば、税理士も立ち会いをすることは可能ですが、その場合でも税理士のみが対応すればよいわけではなく、納税者本人の同席も求められます。

　また、税務調査に関する事前通知の連絡も、原則として納税者本人に対して行われます。

　事前通知の対象者は納税義務者となっていますが、納税者の事前の同意がある場合には、税務代理権限証書を提出している税理士等に行えば足りることとされました。

　この場合には、税理士等が税務署に提出する税務代理権限証書に、納税者の同意を記載しておく必要があります。

　本人不在の折に通知の連絡があり、配偶者が電話対応で要件を確認したところ、本人でないとお話できないと言われたこともあります。

　税務調査の当日も、原則として本人の立ち会いが必要です。

　通常、税務調査では最初に事業概況の聞き取りが行われ、納税者本人に対して事業内容や取引先の情報、仕事の受注から売上金の入金の流れ、過去の経歴などの確認が行われます。

　一通り事業概況の聞き取りを終えた後、申告内容の具体的な調査が始められますが、この段階では納税者本人が席をはずし、税理士だけが対応することも可能です。

　納税者が自分で確定申告書を作成しているなど、納税者自身でなければわからない点が多い場合には同席を求められることもありますが、申告内容の確認だけであれば税理士だけでも対応可能です。

　配偶者など本人以外の者が申告書を作成している場合には、申告書を作成した者が同席を求められることもあります。

論点2　納税者の事情で本人に会わなかったケース

　実際に納税者にやむを得ない事情があり、税務調査に納税者本人が一度も立ち会うことなく調査が終了したことがあります。

納税者は会社勤めをしていた時代に極度のストレス等から社会不安障害を発症し、通常の日常生活を送るのも困難な状況となりました。

　会社勤めを辞めた後、やや症状が改善し、自宅であれば落ち着いて仕事ができる状態となったことから、勤務時代と同じ内容の仕事を個人事業者として受けるようになりました。

　主に、以前の勤め先の知人から紹介を受けた仕事を自宅で行っていました。

　症状がいくらか改善したとはいえ、一人で他人と対面することには不安もあったことから、仕事の打ち合わせでは常に妻が同席している状況でした。

　妻や顔なじみの取引相手であれば問題ないものの、面識のない人と相対すると、症状が極端に悪化する懸念があるとのことでした。

　税務調査の連絡があった際も、本人ではなく妻が税務署と対応していました。

　当初、税務職員も納税者本人と話がしたいと求めてきたのですが、事情を話したところ、所得税は無申告でしたが、住民税については妻が収支計算をして申告していたこともあり、妻が収支について把握しているだろうと判断され、妻のみでの対応が認められました。

論点3　本人の承諾が必要

　納税者本人が仕事などの都合で調査への対応が困難な場合には、配偶者や税理士のみで調査に対応することもあります。

　別の事例では、納税者が多忙で調査に立ち会えないことを伝えたところ、税務署から本人に対し税務調査への同意と調査内容を把握しているかの確認が電話でなされたのち、妻と税理士のみで税務調査に立ち会っ

たこともあります。

　納税者の外出先に「これから税務調査を始める」ことや「本当に税理士に依頼したか」等々を確認する電話がありました。

　先述した事例の納税者についても当初は本人に対し税務調査の同意や税理士への依頼確認を行いたい旨、求められていましたが、納税者は電話であっても面識のない方と話すことは困難であったことから、書面による確認が行われることとなりました。

　事業概況や取引先など調査で必要だろうと思われる最低限の情報について納税者から事前に簡略な聞き取りを行い、私からその内容を税務署に伝える方法で調査が進められました。

　納税者の営む事業では、売上げは月に１回振込による入金があり、外出が困難であったことから経費も少なかったため、申告内容もとてもシンプルで、特に問題とされる点もありませんでした。

　しかし調査自体はすべて納税者の妻を通じてのやり取りであったため、通常の調査に比べ、終了までは長い時間を要しました。

　結局、調査官は最後まで納税者本人とは会わぬまま、調査が終了することとなった事例でした。

調査対応のポイント

① 税務調査には、原則として本人の立ち会いが必要です。

② 納税者本人が税務調査に立ち会えないやむを得ない事情がある場合には、税務署にその理由などを伝え、どのように進めるべきか相談してみるとよいでしょう。

CHAPTER8　調査に対応する当事者及び当局の特殊な状況

税理士としての対応のポイント

・　納税者との接触が困難となることが予想される場合には必要と
　思われる資料等は事前に漏れなく伝え、早めに資料をそろえても
　らうように指導します。税務署から質問されるであろう内容も、
　できるだけ事前に納税者から聞き取りをしておきましょう。

CASE39　水道工事業　調査立会　更正処分　経費否認

税務調査の途中で納税者と連絡が取れなくなり更正処分となるケース

　私は税理士です。依頼者は水道工事業を営んでおり、以前は会計ソフトを使用して自ら確定申告書を作成していたようですが、仕事が忙しくなってきたことからここ３年分ほど確定申告をしておらず、無申告となっていました。

　税務調査を受けることとなり、私に対応の依頼があり、無申告であった期間の売上げ・経費を集計するように税務署から指示を受けていました。

　しばらくして連絡をしてみたところ、納税者本人とまったく連絡が取れなくなっていました。

　税務調査の途中で納税者と連絡が取れなくなってしまった場合はどのようになるのでしょうか。

論点 1　税務調査の対応

　税務調査は１日では終わりません。

　税務調査を受けた経験がない方は、調査は１日２日で終わると考えて

いらっしゃる方も多いようです。

　税務調査に要する期間はケースバイケースで、２週間程度で終わることもあれば、半年以上かかることもあり、通常は終了まで１か月から１か月半程度は要します。

　また、税務調査は調査当日のみ対応すればよいというものでもありません。

　税務調査の一般的な流れは、①事前通知、②実地調査、③調査終了、の手続きとなります。

　一般的なイメージとしては、②の実地調査があった段階で調査が終了すると思われているようですが、実際には②実地調査から③調査終了の手続きまでには何度か税務署側とやり取りが発生します。

　調査官が臨場した後に電話や書面により確認事項について連絡が入ることもありますし、追加資料を提示するよう求められることもあります。

　調査が終わるまで、何度も税務署と連絡を取り合う必要が生じます。

　税務調査が終了する際は、税務署から納税者に対し調査結果についての説明がなされます。

　調査の結果、申告内容に問題があったか否か、修正すべき事項があるか否か等が説明されるほか、今後についての税務指導などが行われます。

　この調査結果の説明をもって、ようやく調査は終了することとなります。

論点2　対応しないと進まない

　税務調査というものは、納税者側が進んで対応しなければ進みません。

　税務署側が抱いている疑問や確認事項について正しく回答し、必要な資料を提示するなどしなければ、いつまでたっても調査は終わりません。

　税務署は平日日中しか連絡が付きませんので、納税者本人が平日に仕事などで対応が難しい場合には、代理人である税理士が対応することも可能です。

　とはいえ、税理士はあくまで代理人であり、税務署の指摘を受け入れるのか等、その対応をどうすべきかということは、納税者自身が決めなくてはいけません。

　税理士が代理人を引き受けたとしても、納税者本人の対応がまったく必要ないわけではないことを、納税者に心得ていただくようにすべきです。

論点3　納税者と連絡が取れなくなったケース

　実際に税務調査の途中で納税者と連絡が取れなくなってしまったことがあります。

　納税者は仕事が忙しく、平日は休みが取れない状況でした。

　そのため税務調査への対応が難しく、税理士である私に対応を依頼したのです。

　私は基本的にメールで納税者と連絡を取り合い、必要な資料などは郵送で用意していただいていました。

　当初、日中は仕事が忙しいためか、夜間に連絡が来ることが多かったものの、かろうじて納税者との連絡は取れている状況でした。

　それがある日を境に、急にまったくの音信不通となってしまいました。

　メールをしても返信がなく、電話もまったくつながらなくなりました。

　私が代理人となってからは、税務署からの連絡はすべて税理士宛にしていただくよう税務署へもお願いしていたのですが、納税者とどうにも連絡が取れなくなったため、税務署側から直接納税者本人に連絡してい

ただくよう伝えました。

　後日、税務署から私に連絡があり、税務署側も書面の郵送、電話、直接訪問をしても納税者本人が不在で連絡が取れないとのことでした。

　私からも書留で郵送した書面が受け取られた事実は確認できたものの、連絡は取れないままでした。

　納税者は無申告で、税務署側もどのような経費がかかっているのかが想定できない状況でした。

　納税者の事業に係る売上げはすべて銀行振込であったため、銀行口座の履歴で把握できたのですが、経費ばかりは納税者本人に提示していただかないとわかりませんでした。

　納税者の経費はほとんどがクレジットカードでの支払であったため、明細を取り寄せて集計するよう、納税者には伝えてありました。

　しかし、しばらく経っても納税者とは連絡が取れないままでした。

　やむを得ず、税務署へ下駄を預ける形となり、税務署側も当初は納税者本人から提示された経費についてはある程度認める方向で考えていたようですが、連絡が取れないことから、調査に協力する意思がないと判断され、最後まで連絡がとれないまま更正処分が下されました。

　経費はほぼ認められず、青色申告も取り消され、相当厳しい処分が下される結果となりました。

調査対応のポイント

①　税務調査への対応は、調査日のみならず、終了まで継続的に必要です。

②　自身で対応することが難しい場合には、税理士に対応を依頼しましょう。

③ 税務調査に適切に対応せずにいると、厳しい処分が下される可能性があります。

税理士としての対応のポイント

・ 納税者の業務に支障をきたすようであれば、税務署からの平日日中の連絡は税理士に入れていただくよう依頼するなどして、納税者の負担を減らすことを検討しましょう。税務署も平日の日中しか連絡業務が行えず、納税者の業務が繁忙で連絡が取れないままでは調査も進みません。調査をスムーズに進めるには、納税者に対する税務署からの連絡を、税理士が取り次ぐ形式のほうがよいでしょう。

・ 納税者と連絡がまったく取れない場合、税務調査が進まず、結果的に納税者にとって不利な判断を下される恐れがあることは指導しておくべきです。複数の連絡手段を確保して、納税者と連絡が取りやすい環境を保つとともに、最終的に納税者自身が判断すべき事項があることを理解してもらうべきでしょう。

　税務署への対応は税理士が代行することが可能ですが、修正申告書の提出に応じるかなどの判断は納税者自身が下す必要があることは説明しておかなければいけません。

預けた資料を税務署側で紛失した可能性があり、調査が早期に終了するケース

私は歯科医院の院長を務めています。

カルテによる診察記録の他に自身で日報を記録していましたが、レジは使用しておらず、レジペーパーによる売上記録などはありませんでした。

したがって、経費関係の原始資料は保管してあったものの、売上金額の確認はカルテと日報の突き合わせによる他ない状況でした。

税務調査に際し、税務署側に大量の資料を預けましたが、返却された後、その一部が紛失している可能性に気付きました。

税務署に資料を預ける際にはどのようなことに注意すべきでしょうか。

論点1 個人の税務調査の期間

法人に対する臨場による税務調査は数日間にわたり行われます。

企業側で調査に使用する会議室等を用意し、必要となる資料を持ちこむと、調査官が何日かにわたって臨場し、用意された資料を調べる形が

一般的です。

　対する個人の税務調査では、臨場調査に何日も要することはあまりありません。

　大抵の場合は1日、ときには半日程度で臨場調査が終わるケースもあります。

　午前10時に臨場調査を開始し、12時までかからなかったことも何度もあります。

　個人に対する臨場調査では納税者本人への聞き取りが主となり、以下のような事項について確認が行われます。

- ・　経歴
- ・　事業内容
- ・　取引先
- ・　仕事の受注から請求、入金までの流れ
- ・　家族状況
- ・　生活費
- ・　申告書の作成方法

　調査資料の確認は税務署内部でも行えるため、臨場調査ではこれらの事項の聞き取りが済めばよいことから、1日程度で終わるケースが大半です。

　ただし売上金額に係る事項だけは、その場で確認されることが多く、その場で通帳や請求書などを基に、申告されている数字との照合がなされます。

　もし、申告された売上金額が事実と大きく異なっている場合には調査期間が延びる可能性もあります。

　上述したとおり、個人の税務調査では、臨場時には聞き取りだけを行い、資料の確認は税務署で行うケースが多く、銀行取引等については銀行に直接照会して調べていることもあります。

　したがって、下記のような調査資料に関しては、臨場時には時間がかかり調べ切れないため、調査官に預ける形となるケースが多いです。

- ・　売上関係書類（請求書、領収書、納品書など）
- ・　経費関係書類（領収書、レシート、請求書、クレジットカード明細）
- ・　人件費関係の書類
- ・　契約書、議事録など

　これらの調査に必要と考えられる資料を税務署へ預けると、後日、不明点や確認事項があれば税務署から連絡が入ることとなります。

　税務署へこうした資料を預ける際には預り証が交付されます。

　調査過程における紛失等が生じないよう、預けた資料について双方の認識を一致させるための書類で、下記のように預けた資料の内容や数量等の内訳が記載されます。

- ・　○○銀行○○支店　口座番号○○○○○○　通帳 5 冊
- ・　売上げ　請求書　36枚　平成28年から平成30年
- ・　領収書綴り　3 冊　平成28年から平成30年

　預けた資料は税務調査の終了時や調査のための保管を要さなくなった場合には返却されますが、この返却時に預り証が必要となります。

　また、預けた資料が納税者側で急に必要となった場合には、調査担当者にその旨を伝えるとすぐに返却してもらえることもありますが、調査中ですぐ返却してもらえない場合もあります。

　当該資料を調査中で返却してもらえない場合でも、取引先との過去の取引履歴を確認したい場合など、担当者に連絡すれば、閲覧することは可能ですし、調査終了後に資料は必ず返却されます。

　この資料を預ける行為を税務署側は「物件の留置き」と呼んでいます。

　預り証の交付時に「物件の留置きについて」という注意書きが同時に交付されますが、そこに必要があれば返却が可能である旨や預けることに不服がある場合の対応などが記載されていますので、よく目を通しましょう。

　資料を預けることを断ったケースもあります。

　進行年度の会計処理を進めるにあたり、過去の資料を確認することもあり、預けてしまうと困ることから断ったケースです。

　資料を預けることを断ったとしても調査で不利な扱いとなることはありません。ただし、断った場合は現地で資料を確認しなければいけないため、調査官が何度か臨場することとなります。

　一般的に、資料を預けた方が早期に調査を終える場合が多いようです。

論点3　資料を返却してもらうときの対応

　資料の返却を受ける際には、預けた資料が間違いなく返却されたことを確認する必要があります。

　預けた資料の枚数を確認し、10枚預けたのであれば、10枚正しく返却されているか確認します。

　預けた資料が元の状態で返却されているか確認する際に、資料の順番が前後していたり、束ね方が違っていたりする場合もありますが、預けた資料がすべて返却されていれば基本的に問題はありません。

　資料を預ける際には、預り証に枚数単位で記載されるのが原則ですが、

領収書など資料の枚数が多い場合には、「一式」「一袋」などと記載される場合もあります。

こうした記載がされた場合には、資料の一部を紛失されても気付きにくい点に注意が必要です。

当然のことながら、税務署で資料を調査する際には、預かった状態から部分的に資料を取り出したり、めくったり、並べ替えたりしながら調べが進みます。

こうした資料調査の過程で資料の一部を紛失されたとしても、預り証に「一式」と記載されていたりすると、納税者が紛失の事実に気付くことは難しくなります。

万が一の紛失を避けるためにも、預り証には正確な枚数を記載してもらうようにしておくのが無難でしょう。

資料を預ける際に預り証の交付を受け、署名押印が必要となりますが、必ずしも納税者本人の署名押印でなくても構いません。

また、資料を返却してもらう際にはこの預り証と引き換えとなります。

返却を受ける際も納税者本人ではなく、妻や税理士が署名押印して返却を受けたこともあります。

資料の返却は自宅や事務所に持ってきてもらうこともできますし、税務署に取りに行くことも可能ですが、直接返却を受ける必要があり、郵送などでの返却はしてもらえません。

論点4　資料紛失があったと思われる場合

実際に、預けた資料を紛失されたと思われる事例がありました。

トレーニングジムを運営している納税者は、日々その運営状況を日報に記録しており、その日報を見ながら日々の売上げをExcelに記録して

いました。

　税務署に日報を預けた際、預り証には「日報　3冊」と記載されており、返却時には3冊の日報が確かに返却されたため、問題ないかと思っていました。

　しかしその日報は1冊が1年分で、枚数としては300枚以上あり、パンチで穴をあけ、紐で綴じてありました。

　その後の調査対応で納税者が今一度売上げを確認しようと考え、日報とExcelを付き合わせてみたところ、特定の日付の日報が無いことに気づきました。

　納税者は税務署側で紛失したのではないかと考え、その旨を担当者に伝えたところ、税務署側の返答は資料を紛失することはあり得ないとの一点張りで、紛失の事実を認めませんでした。

　その後、税務署側でコピーを保管していることがわかり、確認してみると、紛失したと思われる日付のコピーが存在しました。

　コピーが存在するということは、預けた時点では当該日付の資料が存在していたということであり、返却後に無くなっていたことになります。

　考えられる状況としては、税務署側でコピーを取る際に紛失したか、返却された後に納税者側で紛失したかのどちらかです。

　この日報は紐綴りで管理しており、納税者側で外すことはありませんでしたし、税務署側で紛失したものではないかと考えられました。

　さらに日報の綴りを詳細に調べてみると紐で綴じられておらず、ただ挟まっている状態のものが見受けられました。

　おそらくコピーを取り、その後戻す際に紐に綴じていなかったものと考えられました。

　こうした状況から税務署側での紛失を訴えたものの、税務署側は紛失の事実を認めようとしませんでした。

納税者は統括官と担当者に抗議を続けたものの進展が見られなかったため、書面により税務署長及び納税者支援調整官に対して訴えようと考えていたところ、統括官と担当者が納税者宅に訪れ、調査が長引いていることについての謝罪を受けました。

　そのうえで、調査はその時点で判明していた売上げの計上漏れの修正のみで終了したい旨、申し出がありました。

　経費についてはこの時点で一切調査が進んでおらず、これから必要経費等の確認でしばらく時間を要するものと考えていたため、拍子抜けすると同時に驚きました。

　納税者にしてみれば早期に税務調査を終えられるため、申し出を受けることとして調査は終了となりました。

　しかし調査資料紛失の事実については、最後まで税務署側は非を認めませんでしたので、資料を税務署側へ預ける際には十分な注意が必要です。

　資料の返却の際には、多少時間がかかってでも、その場で紛失の有無を丹念に調べるべきでしょう。

調査対応のポイント

①　資料を預けるかどうかは任意です。預けた方が早期に終了するケースが多いです。

②　資料を預ける際には手間であっても枚数まで確認してもらうようにしましょう。返却時にも預けた枚数が返却されたか、その場で確認すべきです。

税理士としての対応のポイント

・　税務署に資料を預けると細かい粗さがしを受けることを懸念する納税者も多いようですが、実感としてはさほど気にすることはないかと思います。逆に資料を預けなければ調査官が何度も臨場することとなり、その都度調査対応に時間を割かねばなりません。

　　税務署に資料を預けてしまえば質問事項や不明点の確認はまとめて連絡がくることとなり、対応の時間を減らせるメリットがあります。その連絡もすべて税理士宛てに入れてもらうようにすることで、納税者の負担も減らせるでしょう。

・　資料の返却を受けるのは納税者本人でなくても可能です。税理士が対応し、紛失等の有無を確認することも検討してみましょう。

質問応答記録書が事前に印字されているケース

私は自分で作成した確定申告書を提出していましたが、税負担を軽減するために意図的に過少な申告を行っていたことで税務調査を受けました。

税務調査の過程で調査官から質問応答記録書の署名押印を要請され、これに応じることとしましたが、その内容が聞き取りを行う前に印字して用意されていたことから不審感を抱きました。

このような場合に、質問応答記録書への署名押印を断ってもよいのでしょうか。

また、質問応答記録書とはどのようなものか教えてください。

論点1　質問応答記録書

近年の税務調査では、調査官の要請を受け、質問応答記録書への署名押印を求められることがあります。

質問応答記録書とは、その名の通り、調査官による質問と納税者の応答（回答）を記録したものです。

　税務調査では調査官が納税者から聞き取った事柄をメモなどで記録していることがありますが、こうした調査官個人の私的な覚え書きとしてのメモではなく、調査における正式な記録書面として残すものです。

　この記録書面の作成に係る法的根拠は特に定めがあるわけでなく、質問応答記録書については調査官の質問検査権に基づき作成されるものです。

　質問応答記録書は税務調査で調査官が納税者から聞き取った内容に基づき、税務署側で作成し、その後納税者側も内容を確認することができます。

　税務署が作成した質問応答記録書を調査官が読み上げ、さらに納税者が目を通し、事実と相異する記載などがあれば修正してもらい、最終的に納税者側が事実と相違ないことを確認したうえで、任意で署名押印することになります。

　質問応答記録書は署名押印して税務署側に提出しますが、控えを受け取ることはできず、控えが必要である場合には、自分で書き写さねばなりません。

　あるいは後日、開示請求を行うことにより、閲覧することは可能です。

　質問応答記録書への署名押印は任意であって義務ではないため、署名押印を断ることも可能です。

　質問応答記録書への署名押印を断った場合には、署名押印を断った旨が記録されます。

論点2　質問応答記録書が作成される場合

　質問応答記録書はすべての税務調査で作成されるわけではありません。

　これまでに体験した事例によると、明らかな修正事項がある場合や、

意図的な過少申告をしているようなケースで作成されることが多いと感じます。

　質問応答記録書が作成される事例には、重加算税が賦課される可能性が高いものが多いようにも感じます。

　口頭でのやり取りを記録しておくことで、言った言わないなど、後で不毛な争いとなることを避けられますし、裁判で争う際の証拠ともなります。

　質問応答記録書は後に争いとなった場合の備えとして作成される書面であり、納税者の氏名や年齢、職業などのほか、実際にあったケースでは、下記のような具体的な質疑のやり取りが記載されました。

　「問1　確定申告書はどのように作成していましたか？」

　「答1　請求書の金額や領収書の金額を集計して作成しました」

　「問2　実際の売上げと大きく金額が違う理由ははぜですか？」

　「答2　税金の負担を減らしたいと考え意図的に減らしました」

　こうした記載内容について、認識や事実に相違が認められる場合には、記載内容の修正を求めることが可能です。

　税務署側の主導で作成され、後に争いとなった際には証拠能力を持つ資料であるため、税務署側にとってだけ都合の良い解釈で作成されぬよう、注意が必要です。

　記載される内容は相互にしっかり確認し、認識や事実と相違する点は修正を求め、納得いくまで意見交換すべきです。

　また、質問応答記録書の文言にも注意を払う必要があります。

　資料を「破棄」したのか「紛失」したのかといった言い回しの違いにも留意しなければいけません。

　「破棄」といった表現では意図的な行為であると後々判断されかねません。

意図的でないのであれば「紛失」と記載してもらうべきでしょう。

質問応答記録書には最後に納税者の付言を記載するケースが多いので、主張すべき事項があれば書き加えてもらうようにしましょう。

実際に、無申告者に対する税務調査で「税金をごまかすつもりはなく、いつか申告するつもりでいました。そのために資料はしっかり残していたのでこれからは正しく納税していきたい」との記載を質問応答記録書に書き加えてもらったこともあり、この記載が功を奏したという訳でもありませんが、この調査では重加算税は課されませんでした。

最終的な仕上がりを納税者が確認し、内容に問題がなければ、任意で署名押印し、合意できない場合には署名押印を断っても問題ありません。

質問応答記録書に署名押印したからといって必ずしも重加算税の対象となるとは限りませんが、意図せぬ過少申告などで、税務署側に恣意性を疑われているような場合には、自分の主張をしっかり記載してもらったうえで署名押印すべきでしょう。

論点3　質問応答記録書の署名押印を断ったケース

質問応答記録書への署名押印に応じるか否かはあくまで任意であり、強制ではありません。

しかし実際の税務調査の現場では、記録の署名押印に応じるか否かは任意である旨を調査官も積極的には説明してくれませんし、調査官から署名押印を求められるとあたかも強制のように感じられてしまうことが多いものです。

後日の記録として作成する旨しか告げられず、こちらから問わない限り、任意であることを教えてくれないこともあります。

質問応答記録書の署名押印に応じるか否かは任意であるため、実際に

署名押印を断ったケースも何度かあります。

　質問応答記録書は開示請求すれば内容を確認できるものの、納税者側に控えは渡されません。

　署名押印して提出するのに控えがもらえないのは納得できないとして、署名押印を断ったケースもあります。

　控えが渡されないことさえ説明されないことも多いのです。

　実際に、ご質問のように質問応答記録書が事前に印字されていたケースもありました。

　税務調査の初日に納税者に対して行った確認内容に基づき、調査官が事前に質問応答記録書をパソコンで作成して印字してきていたのです。

　調査は納税者の自宅で行われ、調査官と会うのは2度目でした。

　調査官が事前に作成してきた質問応答記録書には「〇月〇日10時より〇〇（納税者）の自宅にて以下の聞き取りを行った」と、当日の日付と聞き取りの内容がすでに記載してありました。

　そのため、まだ済んでいない納税者に対する聞き取りの内容が、なぜその調査当日の日付で事前に印字されているのかを問い詰めました。

　聞き取りを行いつつ、その場で作成したものであればまだしも、まだ質問もなされず、回答もしていないのに質問応答記録書があらかじめ作成されているのは明らかにおかしいことから、署名押印には応じられないとして、その場で署名押印を断りました。

　質問応答記録書は納税者の面前で作成しなくてもよいこととされています。

　時間的余裕がない場合などは、一旦税務署に戻り、作成したものについて別の機会に署名押印を求められることもあります。

　しかし、この事例の場合には作成日時までもがすでに記載されている

ことが不自然に感じられたのです。

　この調査では結局最後まで質問応答記録書の作成はされませんでした。質問応答記録書の署名押印は任意ですし、必ずしも応じる必要はありません。

　署名押印を断っても不利に取り扱われることはありませんので、対応は慎重に検討すべきです。

調査対応のポイント

① 質問応答記録書への署名押印に応じるか否かは任意です。

② 質問応答記録書の記載内容は、納税者側も確認することができます。記載内容に係る認識や事実に相違がある場合には、必ず修正してもらいましょう。

③ 主張すべき点があれば、末尾に書き加えてもらうことも可能です。

税理士としての対応のポイント

・　質問応答記録書はすべての税務調査で作成されるわけではなく、経験上、税務署が重加算税の賦課を検討している場合に作成されることが多いように思われます。

　調査官から質問応答記録書を作成する旨告げられた場合には、慎重に対応する必要があることを伝えておきましょう。質問応答記録書への署名押印を断っても取扱いが不利になることはありませんし、質問応答記録書の作成自体を断ることも可能であること

CHAPTER8 調査に対応する当事者及び当局の特殊な状況

も指導しておきます。

- 　質問応答記録書の記載内容の確認はとりわけ慎重にすべきです。事実との相違の他、意図的な過少申告ととられかねない文言がないか、よく確認しましょう。「破棄・隠匿・虚偽・除外・架空」といった表現などは、後々、仮装・隠蔽行為があったと判断される根拠とされる恐れがあります。単なる集計ミスなど意図的なものではない事実についてこうした表現が使われている場合には、表現や言い回しを変えてもらうように指導しておきます。

いきなり自宅に調査官が訪れ、都合が悪いと伝えたところ、半日で50回以上電話してくるケース

　私は長年、無申告となっていましたが、ある日、事前に連絡がないまま、急に税務署の調査官が自宅を訪ねてきました。

　仕事で所用があったため都合が悪い旨を調査官に伝えましたが、なかなか引き取ってもらえず、しばらくやり取りをした後ようやく引き取っていただきました。

　するとその後、当日の午後だけで何十回も調査官からの携帯電話への着信がありました。

　長年無申告であったため、仕方がないと感じる部分はあるものの、あまりの執拗さに驚きました。

　税務調査というものは事前に何の連絡もなく、いきなり訪ねてくるものなのでしょうか。

　また、どうしてもその日のうちに対応しなければいけないものなのでしょうか。

論点1　税務調査の事前通知がない場合

　税務調査が行われる場合には、原則として納税者に対し、事前に通知がなされます。

　この事前通知の際に調査実施日を調整することが一般的ですが、稀に事前通知もなく突然税務署の職員が訪れるケースがあります。

　私もこれまでに何度かそのようなケースに立ち会いました。

　税務署に事前通知がなされなかった理由を尋ねても、「上司の指示」としか答えてくれず、はっきりした理由を答えてもらえたことはありません。

　事前通知については、申告内容、過去の調査結果、事業内容などから、事前通知をすると、違法又は不当な行為を容易にし、正確な課税標準等又は税額等の把握を困難にするおそれ、又は調査の適正な遂行に支障を及ぼすおそれがあると判断した場合には、事前通知がされないこともあります。

　なお、事前通知が行われない場合でも、調査の対象となる税目・課税期間や調査の目的などについては、臨場後速やかに説明することとされています。

　ですから、事前通知がないからすなわち不当な調査というわけでもありません。

　事前通知を行った場合、適正な調査が行えないと判断された場合には、無予告の事前通知なしで調査を受けることがあるのです。

　無申告者に対する調査の場合にも、事前通知なしで調査官が訪れることがあります。

論点2 しつこく接触しようとしてきた事例

　ご質問のようなケースと同様の事例で、事前通知なしでいきなり調査官が納税者を訪問し、都合が悪いと伝えてもしつこく連絡してきた事例がありました。

　納税者は5年間無申告でした。

　ある日、納税者の自宅に事前の連絡なく急に税務署の調査官が訪問し、即日での調査を求められましたが、仕事の予定があり都合が悪いことを玄関先で伝え、その場は引き取ってもらえたものの、その後納税者の自宅前で数時間待機していたようです。

　納税者は仕事があったのでそのまま外出したのですが、その後もずっと自宅前にいたようで、さながら刑事ドラマの張り込みを想起する光景だったようです。

　納税者は仕事中であったことから、携帯電話をマナーモードにしており、着信に気付きませんでしたが、後々着信履歴を確認してみたところ50回以上もの着信が記録されていたそうです。

　納税者がそれらの着信に気づいたのは、仕事を終えた晩の事でした。

　携帯電話の充電がなくなるほどの着信量で、非常に驚かれていました。

　さらに別の調査でも似たような事例がありました。

　納税者の妻が帰宅すると、いきなり見知らぬ男性二人が近づいてきて、税務署の職員であり、調査に来た旨を告げられました。

　後日、この納税者の妻に聞いたところ、身分証明書を提示されたものの、帰宅してすぐに、しかも女性一人であるにもかかわらず強い口調で自宅に入れてほしいと言われたようで、かなりの恐怖を感じたとのことでした。

納税者宅のインターホンは不在時に誰が訪ねてきたかわかるように録画できるタイプのものでした。

　後日、録画状況を確認してみたところ、朝から夕方まで何十回も税務署の調査官がインターホンを押していたことがわかりました。

　近所の方からも「不審な人物がいたようだが大丈夫か」と声をかけられたそうです。

　この納税者は確定申告書を提出しており、そこに電話番号の記載もありました。

　事前の電話連絡もなく、突然自宅に来た理由を尋ねてもハッキリとした回答は得られませんでした。

論点3　無申告に対しては厳しい

　税務署がこれほど執拗に連絡してきたのは、納税者が無申告であったことも理由の一つとして挙げられます。

　納税者は5年間無申告となっており、その間の税務署からのお尋ねに対しても何ら返答をしていませんでした。

　納税者によると、お尋ねについてどのように対応すべきかわからなかったため、放置してしまっていたとのことでした。

　そのような経緯から、税務署としては納税者が申告する意思がないものとみなし、強硬な態度で接してきていたのです。

　無申告者に対しては、税務署も非常に厳しい対応を行います。

　確定申告書を提出していれば、仮に誤りがあり、申告額が過少であったとしても納税の意思を認めることはできますが、無申告の場合は納税の意思を認めることはできません。

　したがって、確定申告書を提出させるために、納税者に対して厳しい

対応がなされることが多くなります。

論点4　あまりにも酷い場合にはクレームを

　無申告者に対する税務調査は厳しい対応がなされるケースが多いものですが、税務署の対応があまりに酷く、目に余ると考えられる場合には、調査方法を改めてほしい旨を先方に伝えるべきでしょう。

　まずはその旨を担当者に直々に伝えることとなりますが、担当者は上司である統括官の指示で動いていることから、統括官に直接抗議した方が効果的な場合もあります。

　また、国税局には納税者からの苦情を受け付ける「納税者支援調整官」を設置している部門があるため、そこに抗議の意思を伝えてもよいでしょう。

　納税者に対して半日で50回以上も電話をしてきた先の事例では、統括官に対し、常識的な対応を希望する旨を伝えました。

　改善されないようであれば、税務署長および納税者支援調整官にも抗議する旨を伝えたところ、対応が改まりました。

　当局に対して抗議を行う場合には、何を改めてほしいのか、正確に具体的に伝えるべきです。

　税務署に連絡するのが不安な場合には、税理士に対応を依頼してもよいでしょう。

　先述した調査では、仕事中に何度も電話で連絡があり、仕事に支障をきたすことに加え、自宅前で半日以上張り込むといった過度な対応は周囲の目も気になることから、即刻取りやめてほしい旨を伝えました。

　するとその後、税務調査は一般的な調査と同様の流れで済むこととなりました。

① 税務署からのお尋ねに対しては、日ごろから正確に迅速に
対応するように心がけましょう。

② 税務署の対応により仕事や生活に支障をきたすほどの状況
である場合には、担当官や統括官、あるいは納税者支援調整
官に改善を希望する旨、伝えましょう。

③ 税務署に逆らうと痛い目をみると考えている方が多いよう
ですが、そのようなことはありません。クレームを入れたこ
とで調査が不利になることはありませんので、度を越してい
る場合には毅然とした対応が必要です。

税理士としての対応のポイント

・ 最近では納税者を怒鳴りつけるような調査官も減り、納税者の
事情を配慮してくれる調査官も見かけます。反面調査を要する調
査で気遣われることもありました。

しかし未だに納税者側の都合を顧みず、非常識な対応をする調
査官がいるのも事実です。調査官の対応が目に余ると考えられる
場合には、納税者からの訴えがなかったとしても、税理士から対
応を改めてもらうよう要請しましょう。担当者に伝えても改善さ
れない場合には、統括官に直接訴えてみるとよいでしょう。調査
官のいいなりになるのではなく、適正な調査を実現するために、
お互いに改めるべき部分はきちんと相手に伝えるべきです。

CASE43 フラワーデザイナー 更正処分 当局対応

税務署の人事異動後に担当者が変わり、税務署側の見解も変わるケース

　私はフラワーデザイナーをしておりますが、5月に始められた税務調査が、税務署の人事異動により、7月から担当官に加えて統括官も変更となりました。

　すると税務署側の見解が、担当者の変更に伴って変わってきたように感じています。

　担当者が変わることで税務調査の結果まで変わってしまうこともあるのでしょうか。

　また、担当者が変わる際に注意しておくべき点があれば教えてください。

論点 1　税務調査が行われる時期

　個人に対して行われる税務調査は、確定申告期を除き、1年を通じて行われます。

　通常、税務署の人事異動は7月に行われ、以前は確定申告期間終了後からこの人事異動前の時期にあたる4月から6月までの間は税務調査が

少なかったのですが、最近はこの時期でも税務調査が行われるケースが増えました。

　近年e-Taxの利用者が増えたことで、確定申告の対応事務に割かれる職員数が減り、代わりに調査に出向く機会が増えているようです。

　世間話などで、税務署内部においてもなるべく外に出る（調査に出向く）ように指導されていると話す調査官もいました。

　税務調査を取り巻く当局の環境も変化してきているとはいえ、現在も７月の人事異動明けからしばらくの期間が、年間を通じて最も税務調査が多いことに変わりはありません。

　しかしここ数年の変化としては、７月の人事異動直前の時期であっても税務調査を受けることが増えているといえます。

論点2　担当者の変更

　４月から６月の間に税務調査が始まると、調査が人事異動期の７月をまたぐことも十分あり得ます。

　７月の人事異動では、調査に当たる担当者が異動となることも考えられます。

　ご質問のように、実際に担当官とその上長に当たる統括官が揃って異動となり、人事異動後は新規に調査が始まったかのような印象を受けたケースもあります。

　調査担当者も自分が異動するかは事前にはわかりませんし、６月までに調査を終えるよう指示されているものの、調査状況により、異動前に調査を終えられないケースもあります。

　調査が終わらなければ、人事異動により担当者が変わることもありえます。

論点3　記録を残しておく

　このような場合、税務調査においてフロントの担当者が変わるだけであれば、さほどの問題はないと考えられますが、担当者の上長に当たる統括官や税務署長が変わる場合には注意が必要です。

　担当者は上長からの指示により税務調査に当たっており、担当者個人の裁量で調査方針や方向性を決められるわけではありません。

　いくら担当者が不審な点があると思っても（不正があると思っても）、上長から調査終了の指示があれば従わざるを得ません。

　逆のケースも然りで、担当者は問題がないと感じていても、上長からの指示があれば調査を継続せざるを得ません。

　上長が変わることで納税者が困るのは、それまでの調査の方針やスタンスが180度変わることがあるからです。

　実際にあった事例では、納税者と税務署双方で修正事項について確認し、相互に納得したうえで後は修正申告書を提出するだけという段階で、担当者と統括官がいっぺんに人事異動となったことがありました。

　人事異動が判明した時点で、担当者からは「調査結果の説明と修正申告書の提出だけすればよい状態にしておく」と告げられていました。

　担当者が変わることは告げられていたため、新しい担当者から連絡があることはわかっていました。

　前担当者から今までの調査内容を引き継ぎ、修正申告書の提出を求められるのかと思っていたのですが、もう一度事業概況の聞き取りをさせてほしいと言われたのです。

　納税者側では修正申告書を提出してすぐに調査が終わるものと思っていたので驚きました。

　理由を尋ねたところ、担当者とともに統括官も変更となったことで事

実関係をもう一度最初から確認したいとの説明でした。

　すでに修正すべき事項について、前担当者の調整により税務署側と納税者側の合意もなされているのに、改めて事業概況の聞き取りから始まることは納得できない旨を伝えたのですが、進展がなかったことから、ひとまず新担当者と会って話をすることにしたのです。

　新担当者と会って話をしたところ、状況から考えて再調査が必要であり、調査期間も5年から7年になる旨を告げられました。

　この事例では以前の担当者から提示された納税一覧表などの資料もあり、それらを提示し、後は修正申告書を提出するだけで良い事を相互に合意済である旨を主張しました。

　話し合いはしばらくの間平行線を辿りましたが、納税者は納得できず、交渉を続けたところ、最終的には前任者がまとめた数字で終了する旨、新担当者から連絡がありました。

　別の調査では、調査官から7月10日に異動することが決まったので、7月9日までに修正申告書を提出してほしいと要請されたこともあります。

　7月9日までに修正申告書を提出してくれるなら、本来は修正すべき事項についてもある程度認容することも告げられました。

　この調査では6月中旬からいくつかの指摘事項を告げられ、修正申告を要請されていました。

　ただ納税者が納得できない部分もあり、調査官と交渉していたのです。

　交渉が長引くかと思われたのですが、調査官が異動することになり、一定の金額について税務署側で認める旨を告げられました。

　同時に、担当者が変わるとまた最初から調査し直すことになり、さらに厳しい調査結果となる可能性もあることを示唆されました。

結果的にこの調査では納税者が調査官の提案を受け入れ、7月9日に修正申告書を提出し、調査終了となりました。

論点4　不利になることばかりではない

担当者の変更は納税者にとって不利になることばかりではありません。

前任担当者の調査で納税者側に不正があったと判断され、7年間の調査に加え、重加算税を課す可能性がある旨を告げられていた事例がありました。

担当者が変わった後に再調査した結果、納税者の行為について不正とはみなされず、調査期間は5年、重加算税ではなく過少申告加算税を課すことと、判断が改められたケースもあります。

また、旧担当者から支払先住所や連絡先が提示できない経費は認めないと告げられていたものが、通帳から振込の事実が確認できるため、住所等がわからなくても経費として認める旨、新担当者から告げられたケースもあります。

担当者の交代はそれまでの調査に大きな変更を生じる可能性があり、早期終了につながることもあれば長引くこともあります。

担当者が変更となった時点における調査状況から、たとえ長引いてもじっくり対応すべきか、あるいは早期に終了すべきかなど、適切な対応判断が求められます。

このように、調査に当たる担当者が人事異動を境に代わることで、納税者が不利となるケース、有利となるケースがあります。

公正な課税という大原則は不変ですが、担当者やその上長の異動に伴う判断の変更により、調査結果が変わってくることもあり得るのです。

① かつては、異動前の時期に税務調査は行われないと言われることもありましたが、今ではそのようなことはありません。異動前であっても税務調査は行われます。

② 担当者や上司が変更となることで、税務署側の判断が変わってしまうこともあります。納税者側が不利となってしまわぬよう、調査が異動の時期をまたぐ場合には注意が必要です。

税理士としての対応のポイント

・ 調査の継続中に税務署の異動期が到来した場合には、調査担当者が異動となる可能性があることを納税者に伝えておきましょう。担当者が自身の異動を告げられるのは直前のようですが、同じ税務署に数年勤務していると自身の異動の有無について、ある程度予測できるようです。担当者の異動が予想される場合、異動前に調査を終えられないか、担当者と相談してみることも必要です。

・ 異動前の修正申告書の提出を条件に、ある程度認容する旨、提案を受けたこともあります。調査の終了は担当者の一存で決めることはできません。調査状況によっては異動期をまたぐ可能性もあり、そのような場合は税務署内での申し送りも行われますが、納税者側でも担当者変更前の調査状況を新担当者に説明できるよう、何かしらの記録を残しておくように指導しておきます。担当者が変わることで税務署の判断が変わることもあり、納税者に有

利となる変更であれば問題はありませんが、不利な取扱いに判断が変わった場合には、理由を必ず確認すべきでしょう。

調査後に税務署側の判断が誤っていたことが判明し、取下書を提出してほしいと依頼されるケース

　私はネットを利用して商品券やギフト券の販売を行っていましたが、長らく無申告のままでした。

　このたび税務調査を受け、5年分の所得税の確定申告書を提出することとなりました。

　売上げは1,000万円を超えていたことから、税務署からの指導により、消費税の申告書も提出しました。

　すると後日、消費税については申告の必要がなかったとして、取下書を提出するよう求められました。

　申告書の提出までしたのに税務署側の判断が誤っていることがあるのでしょうか。

論点1　税務署側で申告書を作成

　税務調査の終了時には調査結果に関する説明が行われます。

　修正すべき事項がある場合は調査官よりその旨説明があり、納税者は

説明に納得できれば修正申告書を提出することとなります。

　調査官による説明や指摘が納得できない場合には、納税者は修正申告書を提出しなくても構いませんが、税務署側から更正がなされることとなります。

　税務署側の指摘やそれに基づく取扱いが納得できない場合には、納税者は不服申し立てを行い、果ては裁判となるわけですが、そこまで発展するケースは稀で、妥協点を探ることとなるケースが大半です。

　税務署側も何が何でも認めないという強硬姿勢より、交渉により、ある程度の帰着点を見出そうとする姿勢がみて取れます。

　税務調査によってみつかった修正事項があれば、修正申告書の提出が必要となります。

　この修正申告書は、納税者が税理士に委任している場合には税理士が作成することもありますが、そうでない場合には税務署側で原案を作成することもあります。

　納税者自身による修正申告書の作成には困難が伴うケースが多いため、税務署側で原案を作成補助するのです。

　納税者が申告書の内容を確認し、問題がなければそのまま署名押印して提出し、税務調査は終了となります。

論点2　税務署側の判断が誤っていた事例

　税務署側が作成した修正申告書には、通常数字上の誤りなどあり得ませんが、ご質問のように、修正申告に伴う判断が誤っていた事例が過去にありました。

　その事例では、ネット上でチケット販売を行っていた無申告の納税者の申告指導に係る税務署の判断に誤りがありました。

この事例では、税務調査による一通りの調査が終わり、税務署側で所得金額を算定し、確定申告書の原案も作成済でした。

　納税者自身で申告書を作成することが困難な場合や早期に手続を終了させるため、税務署側で確定申告書の原案を作成することがあり、この事例でも税務署側で原案を作成していました。

　納税者は記載内容について説明を受け、署名押印し、そのまま確定申告書を提出しました。

　この所得税の確定申告書とともに、売上げが1,000万円を超えていたことから、税務署が作成した消費税の申告書も提出していました。

　その際、経費についてはクレジットカード明細から把握できたことから、消費税の課税仕入れに係る仕入税額控除の適用も認められていました。

　しかしその後、税務署から、消費税について納税義務がないにもかかわらず申告書が提出されているとの指摘を受けました。

　この事例では、全体での売上げは確かに1,000万円を超えていたものの、このチケット販売の一部は非課税に該当するものと判断されたことにより、結果として消費税の納税義務がないことがわかったのです。

　調査官がそのような事実を見落とし、単純に1,000万円を超えているとして消費税の申告書を作成、提出させられていたのです。

　納税者にしてみれば、税務署側から提示された申告書に署名押印しただけですし、税務署側の判断が誤っていただけのことです。

　結局、この事例では取下書を提出することで、一旦提出した消費税の申告書を取り下げてもらうこととなりました。

　納税者にしてみれば税負担が減る結果となりましたが、そもそも余計な手間を生じる必要もない話でした。

　税務署の判断に誤りがないとは言い切れず、疑問があれば必ず確認す

べきでしょう。

　もとより、平素より適正な納税を心がけ、日常的な事務処理を行っていれば、そもそも税務調査を受けることもなかったかもしれません。

　事が起きてから慌て騒がずに済むよう、国民に課された納税義務を履行することが肝要といえます。

調査対応のポイント

① 税務署側の判断が常に正しいとは限りません。指摘された事項についてよく確認、検討すべきケースもあることに注意が必要です。

② 納税者のみで税務調査対応を行うのは困難な場合も多いため、税理士に相談することも検討しましょう。

税理士としての対応のポイント

・ 調査結果について税務署から説明を受けた後、修正申告書を提出することとした場合には、納税額等について税務署側とよく突き合わせを行った後、修正申告書を提出するように指導しましょう。万が一、修正申告書における納税額等が税務署側の認識と異なる場合、修正申告書の再提出や取下書の提出を要する可能性もあります。

　税務署側で作成した修正申告書の原案が誤っていたこともあるため、相互確認をしっかり行うよう伝えておきましょう。

CHAPTER8　調査に対応する当事者及び当局の特殊な状況

【著者紹介】

内田　敦（うちだ　あつし）

税理士。内田敦税理士事務所代表。
　1979年埼玉県生まれ千葉県育ち。
　大学卒業後、一般企業に就職したが税理士資格取得を目
指し退職。
　複数の税理士事務所に勤務しながら税理士試験勉強を続
け2010年に税理士試験合格、2011年に税理士登録。
　2016年に独立。
　従来の拡大志向に疑問を感じひとり税理士として活動中。

　税理士事務所の勤務時代は法人を主に担当していたが、
独立後は個人に対応している税理士が少ないという声に
応えて個人事業者専門の税理士として活動している。
　特に税務調査の対応に力を入れており年間80件の相談実
績がある。

　共著書に『十人十色の「ひとり税理士」という生き方』
（大蔵財務協会刊）がある。

　ブログやホームページでも情報発信をしている。2014年
より毎日更新しているブログ（https://siegtax.com/）は
趣味や考え方を、ホームページ（https://www.uchitax.
com/）では個人の確定申告や税務調査に関する情報
を発信している。

大蔵財務協会は、財務・税務行政の改良、発達およびこれらに関する知識の啓蒙普及を目的とする公益法人として、昭和十一年に発足しました。爾来、ひろく読者の皆様からのご支持をいただいて、出版事業の充実に努めてきたところであります。

今日、国の財政や税務行政は、私たちの日々のくらしと密接に関連しており、そのため多種多様な施策の情報をできる限り速く、広く、正確にかつ分かり易く国民の皆様にお伝えすることの必要性、重要性はますます大きくなっております。

このような状況のもとで、当協会は現在、「税のしるべ」（週刊）、「国税速報」（週刊）の定期刊行物をはじめ、各種書籍の刊行を通じて、財政や税務行政についての情報の伝達と知識の普及につとめております。また、日本の将来を担う児童・生徒を対象とした租税教育活動にも、力を注いでいるところであります。

今後とも、国民・納税者の方々のニーズを的確に把握し、より質の高い情報を提供するとともに、各種の活動を通じてその使命を果たしてまいりたいと考えておりますので、ご叱正・ご指導を賜りますよう、宜しくお願い申し上げます。

一般財団法人 大蔵財務協会
理事長 木 村 幸 俊

個人事業者の税務調査対応ケーススタディ

令和2年3月10日　初版印刷
令和2年3月26日　初版発行

不 許
複 製

著　者　内　田　　　敦

（一財）大蔵財務協会 理事長
発行者　木 村 幸 俊

発行所　一般財団法人　大 蔵 財 務 協 会
〔郵便番号　130-8585〕
東京都墨田区東駒形1丁目14番1号
（販　売　部）TEL 03（3829）4141・FAX 03（3829）4001
（出版編集部）TEL 03（3829）4142・FAX 03（3829）4005
http://www.zaikyo.or.jp

乱丁・落丁はお取替えいたします。　　　　　　印刷　恵友社
ISBN 978-4-7547-2708-6